다목적 뜨겁고 매운 요리책

100 가지 맛있고 뜨겁고 매운 요리법

나은 석

1

판권 소유.

부인 성명

이 eBook 에 포함된 정보는 이 eBook 의 저자가 연구한 전략의 포괄적인 모음으로 사용됩니다. 요약, 전략, 팁 및 트릭은 저자만 권장하며 이 eBook 을 읽는다고 해서 결과가 저자의 결과를 정확히 반영한다는 보장은 없습니다. eBook 의 저자는 eBook 독자에게 최신의 정확한 정보를 제공하기 위해 모든 합리적인 노력을 기울였습니다. 저자와 그 동료는 발견될 수 있는 의도하지 않은 오류나 누락에 대해 책임을 지지 않습니다. eBook 의 자료에는 제 3 자의 정보가 포함될 수 있습니다. 타사 자료는 해당 소유자가 표현한 의견으로 구성됩니다. 따라서 eBook 의 저자는 제 3 자의 자료나 의견에 대해 책임을 지지 않습니다.

솔라요

8

소개

고추는 매운 것 외에 요리에 색을 더해줍니다. 갈은 붉은 고추는 고기와 그레이비의 맛을 내는 데 사용되며 녹색 고추는 처트니와 튀긴 음식에 맛을 냅니다. 고추는 색깔에 상관없이 뜨거울 수 있습니다. 항상 부드러운 맛을 내는 고추나 청피망은 식감을 더해줍니다.

Garam masala(힌디어로 말 그대로 매운 향신료)는 올스파이스 가루와 비슷합니다. 거의 모든 인도 요리를 양념하는 데 유용한 지상 향신료의 혼합물입니다. 향신료를 신선하게 가져 와서 갈기 전에 로스팅하는 것이 가장 좋습니다. 밀폐용기에 넣어 3 개월 정도 보관합니다. 향신료는 모든 재료에서 최상의 결과를 이끌어낼 수 있으며 아로마는 주변 전체에서 건강한 식욕을 불러일으킬 수 있습니다. 고대 인도인들은 좋은 음식이 모든 감각에 호소해야 한다고 믿었습니다. 그것은 모두 비율의 문제입니다. 올바른 질감, 색상, 향 및 맛입니다.

대중적인 믿음과는 달리, "매운" 음식은 궤양. 예를 들어 생강은 동양 의학에서 두통을 비롯한 다양한 질병의 "만병통치약" 으로 사용되어 신체를 젊어지게 합니다. 민속학에서 생강은 보약과 최음제로 칭송받고 있습니다. 이 매운 맛이 나는 뿌리는 소화를 돕습니다. 중국 인삼의 가까운 "친척" 인 이 뿌리 성분은 소화를 돕습니다. 유사하게, 강황은 방부제, 맛 향상제("중국 식당

증후군'을 피하기 위한 MSG 대신) 및 식품 첨가물로 널리 사용됩니다. 이 성분은 전통적인 동양 의학에서 두드러지게 나타납니다.

할라피뇨

1. 목장 배제 할라피뇨

인분: 10

재료

- 1(8 oz.) 패키지 크림 치즈, 연화

- 잘게 썬 체다 치즈 1 컵

- 마요네즈 1/4 컵

- 건조 목장 샐러드 드레싱 믹스 1 개(1oz.) 패키지

- 마늘 가루 1 1/2 작은술

- 반으로 갈라 씨를 제거한 큰 할라피뇨 고추 20 개

- 반으로 자른 칠면조 베이컨 1 파운드

지도

1. 다른 일을 하기 전에 오븐을 화씨 400 도로 설정하십시오.

2. 큰 볼에 할라피뇨 고추와 베이컨을 제외한 모든 재료를 넣습니다.

3. 할라피뇨 고추 반쪽을 치즈 혼합물로 채우고 베이컨 조각으로 싸십시오.

4. 이쑤시개로 모든 것을 고정하고 육계 팬에 배열하십시오.

5. 약 20 분 동안 오븐에서 모든 것을 요리하십시오.

2. 할라피뇨 옥수수

인분: 4

재료

- 신선한 옥수수 6 개, 개암나무 열매에서 자른 알맹이

- 씨를 제거하고 깍둑썰기한 신선한 할라피뇨 고추 2 개 깍둑썰기한 양파 1/3 컵

- 다진 피멘토 고추 2 큰술

- 조각으로 자른 버터 2 큰술

- 소금과 갈은 후추 맛

지도

1. 전자레인지 사용 가능 그릇에 할라피뇨 고추, 양파, 옥수수, 버터를 함께 섞습니다.

2. 그릇을 플라스틱 랩으로 덮고 1 분마다 저어주면서 전자레인지에 약 4 분 동안 모든 것을 돌립니다.

3. 소금과 후추를 넣고 저어 제공합니다.

3. 할라피뇨 젤리

인분: 32

재료

- 큰 녹색 피망 1 개

- 할라피뇨 고추 12 개

- 1 1/2 컵 사과 사이다 식초

- 소금 1 꼬집

- 4 1/4 컵 과립 설탕

- 4 온스 액체 펙틴

- 씨를 제거하고 잘게 썬 할라피뇨 고추 4 개

지도

1. 푸드 프로세서에 할라피뇨 고추 12 개와 피망을 넣고 곱게 다질 때까지 갈아줍니다.

2. 큰 팬에 고추 혼합물을 사이다 식초와 섞어 끓입니다.

3. 약 15-20 분 동안 모든 것을 끓입니다.

4. 볼 위에 두 겹의 무명천을 깔고 후추 혼합물을 눌러 걸러냅니다.

5. 같은 팬에 고춧가루 1 컵, 설탕, 소금을 중불에서 넣고 설탕이 완전히 녹을 때까지 저어주세요.

6. 모든 것을 끓여서 약 1 분 동안 혼합물을 요리하십시오.

7. 액체 펙틴과 남은 할라피뇨 고추를 넣고 섞고 혼합물을 멸균된 병에 옮기고 상단에서 약 1/4 인치 공간을 남깁니다.

8. 항아리를 밀봉하고 뜨거운 수조에서 처리하십시오.

9. 항아리를 연 후 젤리를 냉장하십시오.

4. 달콤한 할라피뇨

인분: 74

재료

● 잘게 썬 할라피뇨 고추 1 갤런

● 백설탕 5 파운드

지도

1. 할라피뇨 고추 병에서 필요한 양의 물을 뺍니다.

2. 설탕을 넣고 단단히 묶고 병을 밀봉하고 적어도 1 주일 동안 따로 보관하여 매일 병을 저어줍니다.

5. 할라피뇨 페스토

인분: 14

재료

- 1/4 컵 호두

- 마늘 2 쪽

- 2 컵 포장된 신선한 바질 잎

- 잘게 썬 파르마지아노-레지아노 치즈 3/4 컵

- 할라피뇨 고추 1 개, 줄기 제거

- 2/3 컵 올리브 오일

- 소금과 같은 후추 맛

지도

1. 푸드 프로세서에 마늘과 호두를 넣고 곱게 다질 때까지 펄스합니다.

2. 오일을 제외한 나머지 재료를 넣고 잘 섞일 때까지 펄스합니다.

3. 모터가 작동하는 동안 천천히 오일을 추가하고 부드러워질 때까지 펄스를 가하십시오.

6. 아르헨티나 할라피뇨 소스를 곁들인 스테이크

인분: 6

재료

- 줄기를 제거한 할라피뇨 고추 4 개

- 껍질을 벗긴 마늘 4 쪽

- 1 1/2 티스푼 금이 간 후추

- 굵은소금 1 큰술

- 라임즙 1/4 컵

- 말린 오레가노 1 큰술

- 1 1/2 lb. 탑 등심 스테이크

지도

1. 믹서기에 마늘, 할라피뇨 고추, 오레가노, 소금, 후추, 라임 주스를 넣고 부드러워질 때까지 갈아줍니다.

2. 할라피뇨 혼합물을 얕은 베이킹 접시에 옮깁니다.

3. 스테이크를 넣고 혼합물을 넉넉히 코팅합니다.

4. 약 8 시간 동안 덮고 냉장하십시오.

5. 그릴을 고온으로 설정하고 그릴 그릴에 기름을 바르십시오.

6. 그릴에 고추를 앞뒤로 약 5 분 동안 굽습니다.

7. 멕시코 할라피뇨 살사

재료

- 신선한 할라피뇨 고추 10 개

- 토마토 2 개

- 4 등분한 흰 양파 1 개

- 다진 신선한 고수 1/4 컵, 맛을 내기 위해 그 이상, 마늘 2 쪽, 으깬 라임 1 개, 착즙

- 소금 1 작은술

- 갈은 후추 1 작은술

지도

1. 큰 냄비에 할라피뇨 고추를 넣고 끓입니다.

2. 약 10-12 분 동안 모든 것을 끓입니다.

3. 슬롯 형 스푼으로 물에서 할라피뇨 고추를 제거하십시오.

4. 줄기를 제거하고 믹서기에 넣으십시오.

5. 같은 냄비에 토마토를 2~3 분 정도 약혀주세요.

6. 슬롯 형 스푼으로 물에서 토마토를 제거하십시오.

7. 토마토의 껍질을 제거하고 할라피뇨 고추와 함께 믹서기에 넣습니다.

8. 나머지 재료를 넣고 부드러워질 때까지 펄펄 끓입니다.

8. 할라피뇨 감자튀김

재료

- 식물성 기름 2 컵 또는 필요에 따라

- 다목적 밀가루 1 컵

- 마늘가루 2 큰술

- 소금과 같은 후추 맛

- 할라피뇨 고추 6 개 - 반으로 갈라 씨를 제거하고 튀긴 조각으로 쓴다.

- 계란 2 개

지도

1. 큰 팬에 기름을 중불로 가열합니다.

2. 얕은 접시에 계란을 깨고 잘 치십시오.

3. 다른 얕은 접시에 밀가루, 마늘 가루, 소금, 후추를 함께 섞습니다.

4. 할라피뇨 고추 조각에 계란과 롤을 밀가루 혼합물에 골고루 묻힙니다.

5. 뜨거운 기름에 할라피뇨 고추 조각을 한 번에 넣고 앞뒤로 2~3 분 정도 튀긴다.

9. 졸리몰리 팝콘

재료

- 1/4 컵 식물성 기름, 분할

- 물기를 뺀 절인 할라피뇨 고추 6 조각

- 팝콘 알갱이 1/3 컵

- 녹인 버터 1/4 컵

- 1(1 oz.) 패키지 랜치 드레싱 믹스

지도

1. 작은 프라이팬에 기름 2 큰술을 중불로 가열하고 할라피뇨 고추를 3-5 분 정도 볶습니다.

2. 홈이 있는 스푼으로 할라피뇨 고추를 접시에 옮기고 으깬다.

3. 큰 팬에 남은 기름을 중불로 가열하고 팝콘 4 알을 올려주세요.

4. 팝콘이 막 터지기 시작할 때까지 모든 것을 덮고 요리하십시오.

5. 팬에 남은 팝콘 알갱이를 단일 층으로 놓습니다.

6. 팬을 덮고 약 30 초 동안 불에서 모든 것을 꺼냅니다.

7. 팬을 불 위에 놓고 팬을 부드럽게 흔드는 동안 약 1-2 분 동안 모든 것을 요리하십시오.

8. 열에서 팬을 제거하고 팝콘을 큰 그릇에 옮깁니다.

9. 녹인 버터와 랜치 드레싱 믹스를 넣고 잘 섞이도록 저어줍니다.

10. 으깬 할라피뇨 고추를 토핑한 팝콘을 서방하세요.

10. 몬타레이 전채

작은 할라피뇨 12 개

- 6 온스 몬터레이 잭 치즈, 큐브

- 얇게 썬 단단한 코셔 살라미 소시지 1 컵

- 나무 이쑤시개

지도

1. 그릴을 고온으로 설정하고 그릴 그릴에 기름을 바르십시오.

2. 할라피뇨 고추의 줄기, 막, 씨를 제거합니다.

3. 각 고추에 치즈를 채우고 살라미 소시지 조각으로 감쌉니다.

4. 이쑤시개로 모든 것을 고정하고 양쪽이 갈색이 될 때까지 그릴에서 가끔씩 뒤집습니다.

재료

●

11. 일요일 할라피뇨

할라피뇨 캔 2(7oz.)

- 6 온스 잘게 썬 멕시칸 스타일 치즈 블렌드

- 뜨거운 쇠고기 소시지 1 파운드

- 1 (5.5 oz.) 패키지 매운 조미료 코팅 믹스

지도

1. 다른 일을 하기 전에 오븐을 화씨 350 도로 설정하십시오.

2. 할라피뇨 고추를 세로로 자른 다음 줄기, 막, 씨를 제거합니다.

3. 각 고추에 치즈를 채우십시오.

4. 비닐 2 겹 사이에 소시지를 놓고 밀대를 이용해 얇게 밀어주세요.

5. 소시지의 얇은 조각으로 할라피뇨 고추를 싸십시오.

6. 양념한 코팅 믹스로 할라피뇨 고추를 코팅합니다.

7. 약 15-25 분 동안 오븐에서 모든 것을 요리하십시오.

재료

●

12. 할라피뇨 퍼지

계란 6 개

- 1 1/4 lb. 잘게 썬 체다 치즈

- 1(4 oz.) 통조림으로 깍둑썰기한 할라피뇨 고추 통조림

지도

1. 다른 일을 하기 전에 오븐을 화씨 350 도로 설정하고 12x9 인치 베이킹 접시에 기름을 살짝 바르십시오.

2. 그릇에 계란을 깨서 풀어주세요.

3. 할라피뇨 고추와 체다 치즈를 넣고 잘 섞이도록 저어줍니다.

4. 혼합물을 준비된 베이킹 접시에 고르게 옮깁니다.

5. 약 20-25 분 동안 오븐에서 모든 것을 요리하십시오.

재료

●

13. 할라피뇨 딥

씨를 제거하고 다진 신선한 할라피뇨 고추 2 개

● 1(16oz.) 용기 사워 크림

● 건조 목장 샐러드 드레싱 믹스 1 개(1oz.) 패키지

● 마늘가루 1 큰술

● 다진 신선한 고수 2 큰술

지도

1. 푸드 프로세서에 모든 재료를 넣고 부드러워질 때까지 펄럭입니다.

2. 서빙하기 전에 약 1 시간에서 하룻밤 동안 덮고 냉장하십시오.

14. 멕시코 캘리포니아 캐서롤

재료

-

   삶은 감자 4 개

- 우유 2 컵

- 말가루 3 큰술

- 소금 1 작은술

- 갈은 후추 1/4 작은술 마늘 가루 1/4 작은술

- 1 컵은 날카로운 체다 치즈났습니다

- 할라피뇨 고추 1 개 (4oz.)

- 물기를 뺀 잘게 썬 피멘토 1 개 (2oz.)

지도

1. 다른 일을 하기 전에 오븐을 화씨 350 도로 설정하고 큰 캐서롤 접시에 기름을 살짝 바르십시오.

2. 끓는 물의 큰 팬에 감자를 약 15-18 분 동안 요리합니다.

3. 그것들을 잘 배수하고 식히기 위해 따로 보관하십시오.

4. 감자를 껍질을 벗기고 썰어 준비한 캐서롤 접시에 모든 것을 옮깁니다.

5. 작은 그릇에 밀가루, 마늘 가루, 소금, 후추를 함께 섞습니다.

6. 팬에 중불에서 우유를 넣고 천천히, 밀가루 혼합물을 계속 치대며 첨가합니다.

7. 혼합물이 걸쭉해질 때까지 계속 저으면서 모든 것을 요리하십시오.

8. 할라피뇨 고추와 체다 치즈를 넣고 계속 요리하면서 치즈가 녹을 때까지 모든 것을 저어줍니다.

9. 감자 위에 소스를 골고루 바르고 피멘토를 골고루 얹어주세요.

10. 약 30 분 동안 오븐에서 모든 것을 요리하십시오.

15. 멕시코 할라피뇨 베이크

재료

- 계란 4 개

- 2 1/2 컵 잘게 썬 멕시칸 스타일 치즈

- 16 온스 절인 할라피뇨 슬라이스

지도

1. 다른 일을 하기 전에 오븐을 화씨 350 도로 설정하고 8x8 인치 베이킹 접시에 기름을 살짝 바르십시오.

2. 그릇에 계란을 깨서 풀어주세요.

3. 준비된 베이킹 접시의 바닥에 계란을 옮깁니다.

4. 계란 위에 할라피뇨 고추를 고르게 놓고 후추를 조금 남겨주세요.

5. 할라피뇨 고추 위에 치즈를 올리고 나머지 고추를 얹습니다.

6. 약 30 분 동안 오븐에서 모든 것을 요리하십시오.

16. 매운 사우스웨스트 옥수수

재료

- 올리브 오일 2 작은술

- 1 큰 할라피뇨 고추, 다진 것

- 2 큰술 다진 양파

- 1 1/2 컵 냉동 옥수수, 해동

- 소금과 갈은 후추 맛

- 다진 신선한 고수 1 큰술

지도

1. 큰 프라이팬에 기름을 중불로 두르고 할라피뇨 고추를 약 5 분간 볶습니다.

2. 양파를 넣고 약 2 분간 볶는다.

3. 옥수수, 소금, 후추를 넣고 약 5 분간 볶습니다.

4. 실란트로를 저어 약 30-60 초 동안 요리합니다.

17. 할라피뇨 포퍼스

재료

12 온스 크림 치즈, 연화

1(8 oz.) 패키지 파쇄된 체다 치즈

1 큰술 간장 베이컨 조각

12 온스 씨를 뿌리고 반으로 자른 할라피뇨 고추

우유 1 컵

다목적 밀가루 1 컵

1 컵 마른 빵 부스러기

2 튀김용 쿼트 오일

지도

1. 볼에 베이컨, 체다치즈, 크림치즈를 넣고 섞는다.

2. 얕은 접시에 우유를 담고 다른 얕은 접시에 밀가루를 담는다.

3. 세 번째 얕은 접시에 빵가루를 넣습니다.

4. 할라피뇨 고추에 치즈 믹스를 채웁니다.

5. 할라피뇨 고추를 우유에 담갔다가 밀가루에 골고루 묻혀주세요.

6. 접시에 할라피뇨 고추를 놓고 약 10 분 동안 건조시킵니다.

7. 이제 할라피뇨 고추를 우유에 다시 담그고 빵가루에 골고루 묻혀주세요.

8. 할라피뇨 고추를 접시에 올려서 말립니다.

9. 다시 빵가루에 할라피뇨 고추를 골고루 묻힌다.

10. 계속하기 전에 프라이팬에서 기름을 화씨 365 도로 가열하십시오.

11. 할라피뇨 파퍼를 약 2-3 분 동안 요리합니다.

12. 할라피뇨 포퍼를 종이 타월로 덮인 접시에 옮겨 물기를 뺀다.

18. 텍사스 할라피뇨스

재료

갈은 칠면조 소시지 1 파운드

1(8 oz.) 패키지 크림 치즈, 연화

잘게 썬 파마산 치즈 1 컵

길이로 반으로 자르고 씨를 뿌린 신선한 큰 할라피뇨 고추 1 파운드 1(8oz.) 병 랜치

드레싱

지도

1. 다른 일을 하기 전에 오븐을 화씨 425 도로 설정하세요.

2. 큰 프라이팬을 중불로 가열하고 쇠고기가 완전히 갈색이 될 때까지 요리합니다.

3. 프라이팬의 기름은 버리세요.

4. 소세지를 볼에 담고 파마산 치즈와 크림치즈를 넣고 잘 섞어주세요.

5. 할라피뇨 고추 반쪽을 치즈 혼합물로 채우고 베이킹 시트에 배열합니다.

6. 오븐에서 모든 것을 약 20 분 동안 굽습니다.

19. 구운 베이컨 할라피뇨 랩

재료

세로로 반으로 갈라 씨를 제거한 신선한 할라피뇨 고추 6 개

1(8 oz.) 패키지 크림 치즈

칠면조 베이컨 12 조각

지도

1. 그릴을 고온으로 설정하고 그릴 그릴에 기름을 바르십시오.

2. 할라피뇨 페퍼 반쪽을 크림치즈로 채우고 슬라이스한 베이컨으로 감싼다.

3. 베이컨이 바삭해질 때까지 그릴에 고추를 볶습니다.

20. 할라피뇨 스프레드

재료

- 연화 크림 치즈 2 개(8 oz.) 패키지

- 마요네즈 1 컵

- 1(4 oz.) 통조림 다진 청양고추, 물기 제거

- 2 온스 깍둑썰기한 할라피뇨 고추 통조림, 물기 제거

- 강판 파마산 치즈 1 컵

지도

1. 큰 전자레인지용 그릇에 마요네즈와 크림치즈를 넣고 잘 섞는다.

2. 할라피뇨 고추와 녹색 고추를 넣고 파르메산 치즈를 얹습니다.

3. 전자레인지는 센불에서 3 분정도 돌립니다.

21. 할라피뇨와 베리잼

재료

- 4 컵 으깬 딸기

- 다진 할라피뇨 고추 1 컵

- 레몬즙 1/4 컵

- 1(2 oz.) 패키지 분말 과일 펙틴

- 백설탕 7 컵

- 멸균된 뚜껑과 고리가 있는 8 개의 하프 파인트 통조림 용기

지도

1. 큰 팬에 할라피뇨 고추, 으깬 딸기, 펙틴, 레몬 주스를 함께 센 불에서 섞어 끓입니다.

2. 설탕을 넣고 완전히 녹을 때까지 저어줍니다.

3. 다시 모든 것을 끓여서 약 1 분 동안 요리하십시오.

4. 잼을 뜨거운 멸균 병에 옮기고 상단에서 약 1/4 인치의 공간을 남깁니다.

5. 항아리에 칼을 넣어 잼에서 거품을 제거하십시오.

6.   항아리를 밀봉하고 뜨거운 수조에서 처리하십시오.

버섯과 할라피뇨

칠면조 베이컨 쿠킹 스프레이 2 장

올리브 오일 1 1/2 작은술

8 버섯, 줄기를 제거하고 잘게 자르고 뚜껑을 남겨 둡니다.

다진 마늘 1 쪽

할라피뇨 고추 1 개, 갈비뼈와 씨를 제거하고 잘게 썬다

재료

연화 크림 치즈 1(3 oz.) 패키지

3 큰술 잘게 썬 체다 치즈 바다 소금 맛 간 후추 맛

지도

1. 다른 일을 하기 전에 오븐을 화씨 350 도로 설정하고 베이킹 접시에 기름을 살짝 발라주세요.

2. 큰 프라이팬을 중불로 가열하고 베이컨을 10 분 정도 굽는다.

3. 베이컨을 키친타올로 깐 접시에 옮겨 물기를 뺀 후 부숴주세요.

4. 그 동안 다른 프라이팬에 기름을 두르고 중불에서 버섯 줄기, 할라피뇨 고추, 마늘을 10 분 정도 볶습니다.

5. 큰 볼에 베이컨, 버섯믹스, 체다치즈, 크림치즈, 소금, 후추를 넣고 잘 섞는다.

6. 버섯 뚜껑에 베이컨 혼합물을 채우고 준비된 베이킹 접시에 한 겹으로 배열하십시오.

7. 약 15-20 분 동안 오븐에서 모든 것을 요리하십시오.

22. 몬테레이 엔칠라다스

재료

껍질과 뼈가 없는 닭 가슴살 반쪽 3 개

카이엔 후추 1 작은술 마늘 가루 소금 1/2 작은술과 취향에 따라 갈은

후추가루 버터 2 작은술

1 큰 양파, 다진 것

2 씨를 뿌리고 다진 할라피뇨 고추

1(8 oz.) 패키지 크림 치즈

카이엔 페퍼 1/2 작은술

마늘가루 1 큰술

파프리카 1/2 작은술

고춧가루 1/2 작은술

1/2 작은술 가루 커민

그린 엔칠라다 소스 1 캔(28oz.)

7 밀가루 토틸라

8 온스 잘게 썬 몬타레이 잭 치즈, 분할

지도

1. 다른 일을 하기 전에 오븐을 화씨 350 도로 설정하세요.

2. 닭 가슴살에 카이엔 페퍼 1 작은술, 다진마늘 1/2 작은술, 소금, 후춧가루를 솔솔 뿌리고 베이킹 접시에 담는다.

3. 오븐에서 약 45 분 동안 모든 것을 요리하십시오.

4. 오븐에서 모든 것을 꺼내 완전히 식힌 다음 포크 2 개로 닭고기를 채썰어주세요.

5. 큰 프라이팬에 중불에서 버터를 녹이고 할라피뇨 고추와 양파를 5 분 정도 볶는다.

6. 크림치즈를 넣고 치즈가 녹을 때까지 끓인다.

7. 삶아진 닭고기와 남은 카이엔페퍼, 마늘가루, 고춧가루, 파프리카, 커민을 넣고 버무려 불에서 내린다.

8. 13x9 인치 접시의 바닥에 그린 엔칠라다 소스를 반만 발라준다.

9. 또띠아를 매끄러운 표면에 배열합니다.

10. 또띠아의 중앙에 닭고기 혼합물을 놓고 그 위에 몬타레이 잭 치즈를 반씩 올려줍니다.

11. 또띠아를 말아서 베이킹 접시의 소스 위에 올려 놓습니다.

12. 남은 소스와 남은 몬터레이 잭 치즈로 모든 것을 토핑합니다.

13. 오븐에서 모든 것을 약 30-35 분 동안 요리하십시오.

23. 할라피뇨 샌드위치

재료

- 2 온스 크림 치즈, 연화

- 1 큰 술 사워 크림

- 절인 할라피뇨 고추 조각 10 개 또는 취향에 따라 다진 것

- 치아바타 샌드위치 롤 2 개

- 버터 4 작은술

- 으깬 또띠야 칩 8 개

지도

1. 볼에 절인 할라피뇨, 사워 크림, 크림 치즈를 함께 섞어 따로 보관합니다.

2. 큰 프라이팬을 중불로 가열합니다.

3. 각각의 치아바타 롤을 가로로 반으로 자른 다음 둥근 윗부분을 잘라 평평한 윗부분을 만듭니다.

4. 아래 식빵의 자른 면과 윗면을 평평하게 한 면에 버터 1 작은술 정도를 골고루 올려주세요.

5. 아래 빵의 버터를 바르지 않은 면에 크림치즈 믹스의 절반, 크러쉬드 칩스, 슈레드 치즈를 올려주세요.

6. 빵의 위쪽 절반을 그 위에 올려 샌드위치를 만든다.

7. 남은 샌드위치로 반복합니다.

8. 뜨거운 프라이팬에 샌드위치를 3~5 분 정도 굽는다.

9. 하나씩 뒤집어가며 치즈가 녹을 때까지 익혀주세요.

24. 할라피뇨 퍼프 페이스트리

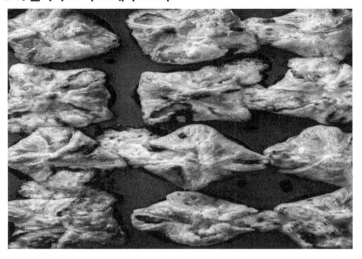

재료

미니 필로 타르트 쉘 12 개

4 온스 크림 치즈, 연화

1/2 컵 슈레드 체다 치즈

씨를 제거하고 다진 할라피뇨 고추 2 개 핫페퍼 소스

간장 베이컨 조각 1 큰술

지도

1. 다른 일을 하기 전에 오븐을 화씨 400 도로 설정하고 필로 컵을 베이킹 시트에 놓습니다.

2. 볼에 할라피뇨 고추, 체다 치즈, 크림 치즈, 핫 소스를 함께 섞는다.

3. 필로 컵에 혼합물을 나누고 베이컨 조각을 얹습니다.

4. 약 15-20 분 동안 오븐에서 모든 것을 요리하십시오.

25. 매운 할라피뇨 빵

재료

2/3 컵 마가린, 부드럽게

백설탕 2/3 컵

옥수수 가루 2 컵

다목적 밀가루 1 1/3 컵

베이킹 파우더 4 1/2 작은술

소금 1 작은술

큰 계란 3 개

우유 1 2/3 컵

다진 신선한 할라피뇨 고추 1 컵

지도

1. 다른 일을 하기 전에 오븐을 화씨 400 도로 설정하고 13x9 인치 베이킹 접시에 기름을 살짝 바르십시오.

2. 큰 볼에 설탕과 마가린을 넣고 부드러워질 때까지 치십시오.

3. 두 번째 그릇에 밀가루, 옥수수 가루, 베이킹 파우더, 소금을 함께 섞습니다.

4. 세 번째 볼에 우유와 계란을 넣고 잘 섞어주세요.

5. 설탕 혼합물에 밀가루 혼합물의 약 1/3 과 계란 혼합물을 넣고 잘 섞일 때까지 치십시오.

6. 나머지 혼합물과 함께 반복하고 할라피뇨 고추를 넣습니다.

7. 혼합물을 준비된 베이킹 접시에 고르게 옮기고 모든 것을 오븐에서 약 22-26 분 동안 요리합니다.

26. 할라피뇨 수프

재료

- 닭 육수 6 컵

- 다진 셀러리 2 컵

- 다진 양파 2 컵

- 마늘 소금 1 작은술

- 2 파운드 큐브 체다 치즈

- 잘게 썬 할라피뇨 칠리 페퍼 1 컵

지도

1. 큰 팬에 양파, 샐러리, 마늘 소금, 육수를 센 불에서 함께 섞어 10 분 정도 끓인다.

2. 열에서 모든 것을 제거하고 모든 것을 치즈와 함께 블렌더로 옮기고 부드러워질 때까지 펄스하십시오.

3. 냄비에 수프 혼합물을 중간 열에 놓습니다.

4. 할라피뇨 고추를 넣고 완전히 가열될 때까지 요리하십시오.

27. 할라피뇨 찰리 텍사스 스타일

재료

매운 할라피뇨 치킨 소시지 2 개(12oz.) 패키지

2 큰술 올리브 오일

다진 양파 1/2 컵

다진 파망 1 개

다진 붉은 고추 1 개

다진 노란 고추 1 개, 잘게 썬 할라피뇨 고추 1/2 개

마늘 3 쪽

2 (15 oz.) 검은콩 캔

3 큰 스푼 칠리 파우더

1 작은 술 지상 커민

1 작은 술 말린 오레가노

2 베이 잎

1/4 컵 사워 크림

지도

1. 큰 프라이팬에 기름을 두르고 소시지, 파망, 할라피뇨 고추, 양파, 마늘을 4~5 분 정도 볶는다.

2. 나머지 재료를 섞고 약불로 줄인다.

3. 약 20 분 동안 모든 것을 끓입니다.

4. 사워크림을 토핑으로 낸다.

28. 카리브해 멕시코 만찬

재료

코코넛 오일 1 작은술

1 1/2 컵 Basmati 쌀 - 10 분 안에 요리

2 (13.5 oz.) 가벼운 코코넛 밀크 캔 라임 2 개, 제스트 및 즙을

낸 소금

구운 옥수수, 할라피뇨, 치킨

옥수수 토르티야 4 개, 각각 1/4 인치 스트립으로 잘라 붙지 않는 요리용 스프레이

할라피뇨 고추 2 개

1 캔(15.25oz.)은 물기를 잘 빼낸 통 옥수수 통조림

카놀라유 1 큰술, 분할

8 온스 껍질과 뼈가 없는 닭 가슴살을 한입 크기로 자른다.

고춧가루 2 큰술

1 큰 술 지상 커민

물기를 뺀 검은콩 통조림 1 컵

다진 신선한 토마토 1 컵

아보카도 1 개 - 껍질을 벗기고 씨를 빼고 깍둑썰기

4 큰 술 사워 크림

지도

1. 다른 일을 하기 전에 오븐을 화씨 400 도로 설정하고 베이킹 시트에 기름을 살짝 발라주세요.

2. 큰 팬에 기름을 두르고 중불에서 1 분 정도 볶는다.

3. 코코넛 밀크를 저어준 다음 불을 높이고 모든 것을 끓입니다.

4. 약불로 줄이고 뚜껑을 덮고 약 35 분간 끓인다.

5. 불에서 모든 것을 제거하고 약 10 분 동안 덮어 두십시오.

6. 포크로 밥을 부풀려 라임즙, 소금, 라임즙을 넣고 버무린다.

7. 팬을 덮어 따뜻하게 유지합니다.

8. 준비된 베이킹 시트에 또띠아 스트립을 배열하고 모든 것을 약 30 분 동안 오븐에서 요리합니다.

9. 집게로 할라피뇨 고추를 잡고 계속해서 후추를 돌리면서 약 3 분 동안 스토브의 버너 위에 놓습니다.

10. 즉시 고추를 비닐봉지에 옮겨 단단히 밀봉한 후 5~10 분 정도 따로 보관한다.

11. 꼭지, 껍질, 씨를 제거한 후 채 썬다.

12. 논스틱 프라이팬에 쿠킹 스프레이를 바르고 중불에서 가열합니다.

13. 옥수수를 넣고 1~3 분 정도 끓인다.

14. 옥수수를 볼에 옮겨 담는다.

15. 같은 프라이팬에 기름을 중불로 두르고 닭고기, 커민, 고춧가루를 2~3 분 정도 볶는다.

16. 옥수수와 콩을 넣고 5 분 정도 끓인다.

17. 밥을 그릇에 담고 닭고기와 토마토를 얹는다.

18. 또띠아 따와 함께 사워 크림을 토핑합니다.

29. 텍사스 할라피뇨 처트니

재료

잘 익은 복숭아 5 개

할라피뇨 2 개, 줄기 제거, 깍둑썰기

잘게 썬 생강 1 큰술

설탕 1 큰술

1 가루 계피 티스푼

2 티스푼 레몬 주스

지도

1. 복숭아는 껍질을 벗겨 씨를 제거하고 3 개를 볼에 담는다.

2. 믹서기에 남은 복숭아를 넣고 퓌레가 될 때까지 갈아줍니다.

3. 팬에 복숭아 퓌레, 생강, 할라피뇨, 설탕, 레몬즙, 계피를 넣고 중불에서 섞는다.

4. 약 5-6 분 동안 가끔 저어가며 끓입니다.

5. 잘게 썬 복숭아를 넣고 모든 것을 저어가며 약 3 분 동안 또는 원하는 두께의 처트니가 될 때까지 가끔 저어줍니다.

6. 열에서 모든 것을 제거하고 서빙하기 전에 식히십시오.

30. 헝가리 할라피뇨 찰리

재료

- 2 큰술 올리브 오일

- 다진 마늘 2 쪽

- 1 큰 양파, 굵게 다진 것

- 굵게 다진 붉은 파망 1 개

- 씨를 제거하고 얇게 썬 할라피뇨 고추 2 개

- 토마토 소스 1 캔(15oz.)

- 1 (28 oz.) 으깬 토마토 캔

- 메이플 시럽 3/4 컵

- 물기를 뺀 강낭콩 1 캔(40oz.)

- 굵은 갈은 후추 1 큰술

- 고춧가루 2 큰술

- 갈은 쇠고기 척 4 파운드

- 맛에 소금

지도

1. 큰 팬에 중불에서 피망과 양파를 두르고 5~6 분 정도 볶는다.

2. 마늘과 할라피뇨를 넣고 약 1 분간 볶습니다.

3. 콩, 토마토, 토마토 소스, 메이플 시럽, 레드 칠리, 후추를 넣고 끓입니다.

4. 열을 약하게 줄이십시오.

5. 그 사이에 큰 붙지 않는 프라이팬을 중불로 가열하고 쇠고기를 소금으로 약 8-10 분 동안 요리합니다.

6. 과도한 지방을 버리고 쇠고기를 콩 혼합물과 함께 팬에 옮깁니다.

7. 약 1 시간 동안 가끔 저어가며 끓입니다.

8. 소금을 넣고 5 분간 더 끓인다.

31. 지중해 병아리콩 수프

재료

- 2 큰술 올리브 오일

- 다진 마늘 5 쪽

- 할라피뇨 고추 2 개, 다진 것

- 그라운드 캐러웨이 1 작은술

- 말린 오레가노 1 작은술

- 물기를 제거하고 헹구어낸 병아리콩 2 개(14oz.) 캔

- 야채 국물 2 캔(14oz.)

- 물 2 컵

- 5 큰 술 신선한 레몬 주스

- 다진 신선한 고수 1/3 컵

- 소금과 후추

지도

1. 큰 수프 팬에 기름을 중간 불로 가열하고 할라피뇨와 마늘을 황금빛 갈색이 될 때까지 볶습니다.

2. 오레가노와 캐러웨이 씨앗을 넣고 몇 분 동안 볶습니다.

3. 병아리콩, 물, 육수를 넣고 약 20 분 동안 모든 것을 끓입니다.

4. 양념, 고수, 레몬즙을 넣고 약 5 분간 끓입니다.

32. 전통 멕시칸 소스

재료

토마토 2 개(16oz.) 캔

2 큰술 기름

잘게 썬 양파 1 컵

1 작은 할라피뇨 고추, 다진 것

2 다진 마늘

육수 2 큰술

말린 오레가노 1 작은술

말린 멸치 가루 1 작은술

커민 1/2 작은술

말린 바질 1/2 작은술

지도

1. 토마토를 건져 물기를 제거한 다음 토마토를 자릅니다.

2. 팬에 기름을 중불로 두르고 양파, 마늘, 할라피뇨를 5 분 정도 볶는다.

3. 토마토, 예비 액체 및 나머지를 추가하십시오.

재료와 모든 것을 약 20-30 분 동안 가끔 저으면서 끓입니다.

4. 이머전 블렌더로 혼합물을 완전히 퓌레로 만드십시오.

33. 렌즈콩 수프

재료

- 마른 검은콩 1 파운드

- 1 1/2 쿼트 물

- 당근 1 개, 다진 것

- 다진 셀러리 1 줄기

- 다진 붉은 양파 1 개

- 다진 마늘 6 쪽

- 다진 녹색 피망 2 개

- 씨를 뿌리고 다진 할라피뇨 고추 2 개 마른 렌즈콩 1/4 컵

- 껍질을 벗기고 깍둑썰기한 토마토 1 개 (28oz.)

- 고춧가루 2 큰술

- 커민 가루 2 작은술

- 말린 오레가노 1/2 작은술

- 간 후추 1/2 작은술 레드와인 식초 3 작은술 소금 1 작은술

- 약하지 않은 흰 쌀 1/2 컵

지도

1. 콩 크기의 약 3 배 정도의 물에 콩을 담급니다.

2. 그런 다음 모든 것을 12 분 동안 끓입니다.

3. 이제 팬에 뚜껑을 덮고 불을 끕니다.

4. 콩을 1 시간 30 분 동안 그대로 두었다가 액체를 제거하고 콩을 헹굽니다.

5. 1.5 쿼트의 민물과 함께 슬로우 쿠커에 콩을 넣고 높은 온도에서 3 시간 동안 요리합니다.

6. 이제 요리 3 시간 후에 다음을 추가합니다: 토마토, 당근, 렌즈콩, 셀러리, 소금, 칠리 파우더, 식초, 커민, 후추, 오레가노, 할라피뇨, 양파, 피망, 마늘

7. 약한 불로 3 시간 더 끓인다. 그런 다음 조리 시간이 25 분 정도 남았을 때 쌀을 넣습니다.

8. 수프의 절반을 취하여 블렌더에 퓨레로 만든 다음 다시 냄비에 넣으십시오.

9. 즐기다.

34. 야찰

재료

1 컵 붉은 렌즈콩

2 다진 생강 뿌리 큰 스푼

1 티스푼 겨자씨

2 스푼 다진 신선한 고수

다진 토마토 4 개

다진 양파 3 개

씨를 제거하고 다진 할라피뇨 고추 3 개

1 큰 술 지상 커민

고춧가루 가루 1 큰술

다진 마늘 6 쪽

올리브 오일 2 큰술

기호에 따라 물 1 컵

지도

1. 렌틸콩이 부드러워질 때까지 압력을 가해 요리하거나 물에 22 분 동안 삶습니다.

2. 겨자씨가 터질 때까지 볶은 다음 기름, 마늘, 양파, 할라피뇨, 생강을 넣습니다.

3. 양파가 갈색이 될 때까지 계속 저어가며 볶습니다.

4. 이제 토마토, 커민, 고수를 붓습니다.

5. 토마토를 2 분간 익힌 후 물을 넣고 7 분간 끓인다.

6. 삶은 렌틸콩을 넣고 섞어주세요.

7. 마지막으로 원하는 양의 소금을 넣으십시오.

8. 고수와 함께 드십시오. 익힌 바스마티와 함께 즐겨보세요.

35. 아시아에서 영감을 받은 완탕

재료

- 1(8 oz.) 패키지 크림 치즈, 연화

- 할라피뇨 고추 1 개(4oz.)

- 20(3.5 인치 정사각형) 완톤 포장지

- 튀김용 스위트 칠리 소스 오일 1/2 컵

지도

1. 그릇에 할라피뇨 고추와 크림 치즈를 함께 섞습니다.

2. 각 완탕 포장지의 중앙에 할라피뇨 혼합물 약 1 티스푼을 넣으십시오.

3. 젖은 손가락으로 포장지의 가장자리를 덮고 충전물 위에 삼각형 모양으로 접습니다.

4. 손가락으로 가장자리를 눌러 완전히 밀봉하십시오.

5. 큰 프라이팬에 기름을 화씨 375 도까지 가열합니다.

6. 완탕을 일괄로 넣고 가끔 뒤집으면서 약 2 분 동안 요리합니다.

7. 종이 타월을 댄 접시에 포장지를 옮겨 물기를 빼줍니다.

8. 스위트 칠리 소스와 함께 제공하십시오.

36. 터키 런치 완탕

재료

- 레몬즙 3/4 컵

- 말린 크랜베리 1 컵

- 1 1/2 컵 잘게 썬 익힌 칠면조

- 준비된 속재료 1 컵

- 4 온스 크림 치즈, 부드럽게 한 1/4 컵 두꺼운 칠면조 그레이비

- 1 (14 oz.) 패키지 완탕 포장 소금 맛

- 튀김용 카놀라유 3 컵

- 2 큰술 다진 양파

- 라임 주스 1 큰술

- 씨를 뿌리고 다진 할라피뇨 고추 1 작은술 - 또는 취향에 따라

- 다진 마늘 1 작은술

- 물 1 티스푼

지도

1. 그릇에 말린 크랜베리와 레몬 주스를 함께 섞어 따로 보관합니다.

2. 볼에 칠면조 그레이비, 칠면조, 크림 치즈 및 소를 함께 섞습니다.

3. 각 완탕 포장지의 중앙에 복숭아 혼합물을 1 큰술 정도 넣습니다.

4. 계란 흰자 혼합물로 포장지의 가장자리를 코팅하고 삼각형 모양으로 충전물 위에 접습니다.

5. 손가락으로 가장자리를 눌러 완전히 밀봉하고 소금을 뿌립니다.

6. 큰 프라이팬에 기름을 중불로 가열합니다.

7. 완탕을 일괄로 넣고 양면에서 약 2 분 동안 요리합니다.

8. 종이 타월을 댄 접시에 포장지를 옮겨 물기를 빼줍니다.

9. 크랜베리는 물기를 완전히 제거하고 푸드 프로세서에 넣은 다음 잘게 썰릴 때까지 펄스를 사용합니다.

10. 볼에 다진 크랜베리를 나머지 재료와 함께 옮기고 잘 섞는다.

11. 크랜베리 살사와 함께 완탕을 제공하십시오.

37. 원탄스 루이빌

재료

- 통조림 청양고추 1/2 컵

- 할라피뇨 통조림 1/4 컵

- 1 파운드 몬테레이 잭 치즈, 파쇄

- 완턴 래퍼

소스

- 으깬 아보카도 3 개

- 레몬즙 2 큰술

- 조미료 1 작은술, 섞는다

- 고춧가루 1 작은술

- 마요네즈 1/2 컵

- 다진 파 3 개

지도

1. 믹서기에 몬터레이 잭 치즈, 할라피뇨, 그린 칠리를 넣고 부드러워질 때까지 펄럭입니다.

2. 완탕 포장지의 한쪽 모서리에 치즈 혼합물 약 2 큰술을 놓고 해당 모서리를 충전물 위로 접습니다.

3. 오른쪽과 왼쪽의 모서리를 접고 나머지 모서리를 적셔 접기 전에 접습니다.

4. 큰 프라이팬에 기름을 화씨 350 도까지 가열합니다.

5. 완탕을 한 번에 넣고 1~2 분 정도 끓인다.

6. 종이 타월을 댄 접시에 포장지를 옮겨 물기를 빼줍니다.

7. 소스의 경우 볼에 소스 재료를 모두 섞습니다.

8. 소스와 함께 완탕을 제공하십시오.

38. 쉬운 멕시칸 현미밥

재료

- 현미밥 2 컵

- 강낭콩 1 캔(15oz.), 헹구고 물기 제거

- 검은콩 1 캔(15oz.), 헹구고 물기 제거

- 1 캔(15.25oz.) 통 옥수수, 물기 제거

- 다진 양파 1 개

- 다진 청양고추 1 개

- 씨를 제거하고 깍둑썰기한 할라피뇨 고추 2 개

- 제스트 및 즙을 낸 라임 1 개

- 다진 실란트로 잎 1/4 컵

- 다진 마늘 1 작은술

- 1 1/2 티스푼 지상 커민

- 맛에 소금

지도

1. 커민, 쌀, 마늘, 콩, 고수, 옥수수, 라임 주스 및 제스트, 양파, 할라피뇨, 피망을 결합하십시오.

2. 원하는 양의 후추와 소금을 넣고 냉장고에 60 분 정도 휴지시킨 후 골고루 저어 드세요.

3. 즐기다.

39. 아시안 치킨 수프

재료

- 닭 육수 3 쿼트

- 신선한 레몬그라스 줄기 2 개(각 길이 12~18 인치)

- 생생강 12 조각(얇고 1/4 크기)

- 신선한 할라피뇨 칠리 6 개

- 양배추 1 1/4 파운드

- 8 온스 버섯

- 당근 2 개

- 뼈 없는 껍질 없는 닭 가슴살 반쪽 2 파운드

- 껍질을 벗기고 다진 마늘 4 쪽

- 1(14 1/2 oz.) 캔 깍둑썰기한 토마토

- 레몬즙 1/2 컵

- 2 큰 술 아시아 생선 소스

- 얇게 썬 파 1/3 컵

- 따끈한 밥 5 컵

- 웨지 모양으로 자른 레몬 2 개

- 다진 신선한 고수 1 1/2 컵

지도

1. 큰 팬에 육수를 센 불로 끓입니다.

2. 레몬그라스 줄기를 다듬은 다음 외부 층을 버리고 각 줄기를 3 인치 길이로 자릅니다.

3. 생강과 레몬그라스 조각을 가볍게 으깬다.

4. 할라피뇨 2 개를 반으로 자르고 나머지는 잘게 썬다.

5. 끓는 육수 팬에 레몬그라스, 생강, 할라피뇨를 넣고 불을 줄입니다.

6. 약 20-30 분 동안 뚜껑을 덮고 끓입니다.

7. 한편, 배추는 채썰어주고 버섯은 줄기 끝부분과 변색된 부분을 버리고 1/4 인치 두께로 썬다.

8. 당근을 껍질을 벗기고 1/4 인치 두께로 자릅니다.

9. 닭고기를 1 1/2-2 인치 길이로 1/4 인치 두께의 조각으로 자릅니다.

10. 국물에 당근, 버섯, 양배추, 마늘을 넣고 센 불에서 끓입니다.

11. 불을 줄이고 뚜껑을 덮고 약 8-10 분 동안 끓입니다.

12. 액체와 닭고기를 넣은 토마토를 넣고 열을 높게 올립니다.

13. 약 3-5 분 동안 덮고 요리하십시오.

14. 생선 소스와 레몬 주스를 넣고 파를 얹습니다.

15. 쌀, 레몬 조각, 고수 및 다진 고추와 함께 제공하십시오.

40. 캄보디아 카레 소스

재료

레몬그라스 1/3 컵

마늘 4 쪽

말린 갈랑갈 1 작은술

강황 가루 1 작은술

줄기와 씨를 제거한 할라피뇨 칠리 1 개

3 샬롯

코코넛 밀크 3 1/2 컵

카피르 라임 잎 3 개

소금 1 꼬집

지도

1. 푸드 프로세서에 레몬그라스, 샬롯, 갈랑갈, 마늘, 할라피뇨를 넣고 퓨레가 될 때까지 펄펄 끓입니다.

2. 팬에 코코넛 밀크를 넣고 끓이다가 퓨레로 만든 혼합물을 저어줍니다.

3. 소금과 라임잎을 넣고 약 5 분간 계속 저어가며 끓인다.

4. 약불로 줄이고 가끔 저어주면서 약 30 분간 끓인다.

5. 라임잎은 버린다.

6. 1 인분에 이 카레 소스 1/2 컵을 얕은 팬에 붓습니다.

7. 고기나 야채 1/2 컵을 넣고 중불로 끓여 원하는 정도로 익힌다.

41. 화이트 칠리

재료

- 1 큰술 식물성 기름

- 다진 양파 1 개

- 다진 마늘 3 쪽

- 할라피뇨 고추 1 개 (4oz.)

- 1 (4 oz.) 깍둑썰기한 녹색 칠리 페퍼 캔

- 커민 가루 2 작은술

- 말린 오레가노 1 작은술

- 갈은 카이엔 페퍼 1 작은술

- 치킨 수프 2 캔 (14.5oz.)

- 3 컵 깍둑썰기한 익힌 닭 가슴살

- 흰 콩 3 개 (15oz.) 캔

- 잘게 썬 몬터레이 잭 치즈 1 컵

지도

1. 양파를 기름에 부드러워질 때까지 볶은 다음 카이엔, 마늘, 오레가노, 할라피뇨, 커민, 칠리 페퍼를 넣습니다.

2. 이 혼합물을 4 분 더 끓인 다음 콩, 닭고기, 육수를 붓습니다.

3. 모든 것을 끓인 다음 열을 약하게 설정하고 내용물을 17 분 동안 끓입니다.

4. 4 분마다 고추를 저어주세요.

5. 불을 끄고 치즈를 넣습니다.

6. 치즈가 녹으면 칠리를 제공할 준비가 됩니다.

42. 할라피뇨 가스파초

재료

- 다진 호박 2 컵

- 굵게 다진 양파 1 개

- 아보카도 1 개 - 껍질을 벗기고 씨를 제거하고 굵게 깍둑썰기

- 1/2 컵 통조림 garbanzo 콩, 물기 제거

- 1/4 컵 사과 사이다 식초

- 씨를 뿌리고 다진 할라피뇨 고추 1 개

- 레몬즙 2 작은술(선택사항)

- 다진 마늘 1 쪽

- 소금 1/4 작은술 또는 기호에 따라 그 이상

- 갈은 후추 1/4 작은술 또는 기호에 따라 그 이상

지도

1. 그릇을 가져와 결합하십시오: 후추, 호박, 마늘, 소금, 양파, 레몬 주스, 아보카도, 할라피뇨, 가르반조스, 사이다 식초.

138

2. 내용물이 고르게 분포되도록 혼합물을 저어주고 그릇 주위에 플라스틱 덮개를 놓습니다.

3. 모든 것을 냉장고에 2 시간 동안 넣어둡니다.

4. 즐기다.

43. 아보카도 살사

재료

- 껍질을 벗기고 씨를 제거하고 깍둑썰기한 망고 1 개

- 껍질을 벗기고 씨를 빼고 깍둑썰기한 아보카도 1 개

- 4 개의 중간 크기 토마토, 깍둑썰기

- 씨를 제거하고 깍둑썰기한 할라피뇨 고추 1 개 잘게 썬 신선한 고수 1/2 컵

- 다진 마늘 3 쪽

- 소금 1 작은술

- 신선한 라임 주스 2 큰술

- 다진 적양파 1/4 컵

- 3 큰술 올리브 오일

지도

1. 그릇에 마늘, 망고, 고수, 아보카도, 토마토를 섞어주세요.

2. 믹스를 저어준 다음 올리브 오일, 소금, 적양파, 라임 주스를 넣습니다.

3. 살사를 저어 액체가 고르게 분포되도록 합니다. 그런 다음 그릇에 플라스틱 덮개를 놓고 모든 것을 냉장고에 40 분 동안 넣습니다.

4. 즐기다.

44. 신세계 세비체

재료

- 껍질을 벗기고 내장을 제거한 조리된 중간 크기 새우 1 개(16oz.) 패키지

- 1 인치 조각으로 자른 모조 게살 2 개(8oz.) 패키지

- 토마토 5 개, 깍둑썰기

- 껍질을 벗기고 깍둑썰기한 아보카도 3 개

- 껍질을 벗기고 한입 크기로 자른 잉글리쉬 오이 1 개

- 다진 붉은 양파 1 개

- 실란트로 1 묶음, 다진 것 이상

- 라임 4 개, 착즙

- 씨를 제거하고 잘게 썬 할라피뇨 고추 2 개

- 다진 마늘 2 쪽

- 1 병(64oz.) 토마토와 조개 주스 칵테일 소금과 취향에 따라 갈은 후추

지도

1. 한 그릇에 마늘, 게, 할라피뇨, 토마토, 라임 주스, 아보카도, 새우, 고수, 오이, 적양파를 결합합니다.

2. 믹스를 저어준 다음 조개 주스 칵테일을 추가합니다.

3. 혼합물을 다시 저어준 다음 그릇에 플라스틱 덮개를 놓고 모든 것을 냉장고에 8 시간 동안 넣습니다.

4. 즐기다.

45. 매운 멕시칸 팝시클

재료

- 오이 3 컵

- 설탕 2/3 컵

- 레몬즙 1/3 컵

- 할라피뇨 고추 1 개, 씨 제거

지도

1. 푸드 프로세서의 그릇에 오이, 설탕, 레몬, 할라피뇨를 추가합니다.

2. 퓌레가 될 때까지 믹스를 펄싱한 다음 스트레이너를 통해 모든 것을 흘려보냅니다.

3. 아이스 팝 몰드 사이의 혼합물을 나누고 모든 것을 밤새 냉동실에 넣습니다.

4. 즐기다.

46. 스페인 라자냐

재료

- 4 컵 통조림 다진 토마토

- 1(7 온스) 깍둑썰기한 녹색 고추 캔

- 잘게 썬 할라피뇨 고추 1 개(4oz)

- 다진 양파 1 개

- 다진 마늘 3 쪽

- 다진 신선한 고수 10 개

- 2 큰 술 지상 커민

- 매운 쇠고기 소시지 또는 이탈리안 칠면조 소시지 2 파운드

- 1(32oz) 용기 리코타 치즈

- 달걀 4 개, 가볍게 풀어서

- 1(16oz) 패키지 멕시칸 스타일 파쇄 치즈 블렌드

- 조리하지 않은 라자냐 국수 1(8oz) 패키지

지도

1. 실란트로, 토마토, 커민, 풋고추, 마늘, 양파, 할라피뇨를 2 분 동안 끓인 다음 약한 불에서 55 분 동안 끓입니다.

2. 그릇을 가져 와서 섞는다: 풀어놓은 계란, 리코타.

3. 계속하기 전에 오븐을 350 도로 설정하십시오.

4. 쇠고기 소시지를 볶습니다. 그런 다음 여분의 기름을 제거하고 고기를 부수십시오.

5. 베이킹 접시에 소스를 살짝 바르고 소세지, 소스 1/2, 잘게 썬 치즈 1/2, 라자냐 국수, 리코타, 국수, 나머지 소스, 잘게 썬 치즈를 겹칩니다.

6. 논스틱 스프레이로 호일을 코팅하고 라자냐를 덮으십시오. 뚜껑을 덮은 상태에서 30 분, 뚜껑을 덮지 않은 상태에서 15 분 동안 요리하십시오.

7. 즐기다.

47. 크리미 치킨 페투치니

재료

- 1 파운드 건조 페투치니 파스타

- 식물성 기름 2 큰술

- 1/4 컵 얇게 썬 양파

- 다진 노란 호박 1/2 컵

- 1/2 컵 애호박, 대각선으로 1/2 인치 두께의 조각으로 자른다

- 얇게 썬 버섯 3/4 컵(옵션)

- 1 1/4 컵 헤비 크림

- 씨를 제거하고 깍둑썰기한 할라피뇨 고추 1 개

- 다진 마늘 1 작은술

- 1 큰술 디종 머스타드

- 케이준 시즈닝 1 큰술

- 1/2 컵 강판 파마산 치즈

- 1/2 컵 깍둑 썬 토마토 소금과 후추 맛

151

- 식물성 기름 3 큰술

- 1 lb 닭 가슴살, 준설을 위해 1/2 인치 조각 밀가루로 자른다.

지도

1. 페투치니를 물과 소금에 10 분 동안 끓입니다.

2. 프라이팬을 준비하고 기름을 두르고 버섯, 양파, 호박, 호박을 5 분간 볶습니다.

3. 양파와 크림, 파스타를 함께 넣고 5 분 동안 가볍게 끓입니다. 이제 케이준 시즈닝, 할라피뇨, 머스타드, 마늘을 추가합니다. 2 분 더 끓입니다.

4. 두 번째 팬을 가져와서 기름 3 큰술에 밀가루를 입힌 후 완전히 익을 때까지 닭고기를 요리하십시오.

5. 닭고기, 채소 및 파스타를 모두 함께 결합하십시오.

6. 즐기다.

48. 치폴레 코울슬로

재료

- 1 머리 녹색 양배추, 갈기리 찢긴

- 다진 양파 1 개

- 당근 2 개, 다진 것

- 잘게 썬 할라피뇨 칠리 페퍼 2 개

- 계란 1 개

- 1 작은 레몬, 주스

- 백식초 1 큰술

- 소금 1/4 작은술

- 1 컵 식물성 기름

- 준비한 머스타드 2 큰술

- 백설탕 2 큰술

- 사이다 식초 1 큰술

- 갈은 치폴레 칠리 페퍼 1/2 작은술

- 셀러리 소금 1/2 작은술

지도

1. 큰 그릇에 당근, 양배추, 양파, 할라피뇨 고추를 함께 섞습니다.

2. 마요네즈의 경우 푸드 프로세서에 계란, 레몬 주스 백식초, 소금을 넣고 부드러워질 때까지 펄럭입니다.

3. 모터가 천천히 작동하는 동안 부드럽고 두껍게 될 때까지 오일과 펄스를 추가하고 큰 그릇에 옮깁니다.

4. 드레싱 재료를 모두 넣고 잘 섞일 때까지 섞는다.

5. 샐러드 위에 드레싱을 붓고 잘 섞일 때까지 저어줍니다.

6. 서빙하기 전에 적어도 2 시간 동안 뚜껑을 덮고 냉장 보관하십시오.

49. 할라피뇨, 고수, 망고 탈라피아

재료

- 엑스트라 버진 올리브 오일 1/3 컵

- 레몬즙 1 큰술

- 1 테이블스푼 다진 신선한 파슬리

- 다진 마늘 1 쪽

- 말린 바질 1 작은술

- 갈은 후추 1 작은술

- 소금 1/2 작은술

- 틸라피아 필레 2 개(6oz.)

- 껍질을 벗기고 씨를 빼고 깍둑썰기한 잘 익은 큰 망고 1 개 깍둑썰기한 빨간 피망 1/2 개

- 2 큰술 다진 적양파

- 1 테이블스푼 깍둑썰기한 신선한 고수

- 씨를 뿌리고 다진 할라피뇨 고추 1 개

- 라임 주스 2 큰술

- 레몬즙 1 큰술

- 소금과 후추 맛

지도

1. 그릇에 소금 반 티스푼, 올리브 오일, 후추 1 티스푼, 레몬 주스 1 테이블스푼, 바질, 마늘, 파슬리를 결합합니다.

2. 생선 조각도 그릇에 담아 저어 코팅하십시오.

3. 그릇에 덮개를 덮고 모든 것을 냉장고에 60 분 동안 넣어둡니다.

4. 두 번째 그릇을 가져와 결합하십시오: 1 큰술 레몬 주스, 망고, 후추, 라임 주스, 피망, 소금, 할라피뇨, 고수, 적양파.

5. 이 혼합물에도 덮개를 씌우고 냉장고에 넣으십시오.

6. 그릴을 뜨겁게 달구고 그릴에 기름을 바르십시오.

7. 생선 조각을 한 면당 5 분 동안 구운 다음 서빙할 때 망고 믹스로 장식합니다.

50. 태국의 새우

재료

- 껍질을 벗긴 마늘 4 쪽

- 신선한 생강 뿌리 1(1 인치) 조각

- 씨를 제거한 신선한 할라피뇨 고추 1 개

- 소금 1/2 작은술

- 1/2 티스푼 갈은 심황

- 식물성 기름 2 큰술

- 다진 중간 크기의 양파 1 개

- 1 파운드 중간 크기의 새우 - 껍질을 벗기고 내장

- 씨를 제거하고 깍둑썰기한 토마토 2 개

- 코코넛 밀크 1 컵

- 다진 신선한 바질 잎 3 큰술

지도

1. 마늘, 강황, 생강, 할라피뇨의 혼합물을 원하는 부드러움이 될 때까지 믹서기로 갈아줍니다.

2. 양파를 뜨거운 기름에 몇 분 동안 익히기 전에 향신료 페이스트를 넣고 몇 분 더 요리합니다.

3. 토마토와 코코넛 밀크를 추가하기 전에 새우를 몇 분 동안 요리하고 뚜껑을 덮고 5 분 동안 요리하십시오.

4. 이제 뚜껑을 덮지 않고 5 분간 더 끓여 소스가 걸쭉해집니다.

5. 또한 마지막 순간에 신선한 바질을 추가하십시오.

6. 제공하다.

51. 저크 치킨

재료

다진 파 1/2 개

1/4 컵 오렌지 주스

1 큰술 다진 신선한 생강 뿌리

다진 할라피뇨 고추 1 큰술

라임 주스 1 큰술

간장 1 큰술

다진 마늘 1 쪽

1 작은 술 지상 올스파이스

계피 가루 1/4 작은술

정향 가루 1/2 작은술

조각으로 자른 닭고기 1(2~3lb)

지도

1. 마리네이드용으로 정향, 양파, 계피, 오렌지 주스, 올스파이스, 생강, 마늘, 후추, 간장, 레몬즙을 골고루 섞는다.

2. 매리 네이드로 닭고기를 덮으십시오. 용기에 뚜껑을 덮습니다. 모든 것을 냉장고에 7~8 시간 동안 넣어둡니다.

3. 그릴을 뜨겁게 데워주세요. 완전히 익을 때까지 닭고기를 굽습니다. 시간은 열 수준에 따라 다릅니다. 좌우 7~8 분. 여분의 마리네이드를 5 분 동안 끓여 코팅으로 사용하거나 버리십시오.

4. 즐기세요.

52. 자메이카 샐러드

재료

- 껍질과 뼈가 없는 닭 가슴살 반쪽 2 개

- 데리야끼 마리네이드 소스 1/2 컵

- 씨를 제거하고 깍둑썰기한 토마토 2 개

- 다진 양파 1/2 컵

- 다진 할라피뇨 고추 2 작은술

- 잘게 썬 신선한 고수 2 작은술

- 디종 머스타드 1/4 컵

- 꿀 1/4 컵

- 백설탕 1 1/2 큰술

- 1 큰술 식물성 기름

- 사이다 식초 1 1/2 큰술

- 라임 주스 1 1/2 작은술

- 3/4 lb 혼합 샐러드 채소

- 1(8 oz.) 캔 파인애플 덩어리, 물기 제거

- 옥수수 또띠아 칩 4 컵

지도

1. 그릇을 가져와 데리야끼와 닭고기를 결합하십시오.

2. 그릇에 덮개를 덮고 모든 것을 냉장고에 3 시간 동안 넣어둡니다.

3. 두 번째 그릇을 가져와 결합하십시오: 고수, 토마토, 할라피뇨, 양파.

4. 이 그릇에도 덮개를 씌우고 내용물도 냉장고에 넣어 차게 식힙니다.

5. 세 번째 그릇에 라임 주스, 겨자, 식초, 꿀, 기름, 설탕을 섞습니다.

6. 혼합물을 매끄럽고 매끄럽게 만든 다음 그릇에 덮개를 씌우고 냉장고에 넣습니다.

7. 이제 그릴을 뜨겁게 달구고 화격자에 기름을 바르십시오. 닭고기를 한 면당 9 분씩 익힙니다.

8. 서빙 접시에 채소를 깔고 두 번째 그릇의 내용물을 얹은 다음 파인애플과 으깬 토르티야 칩을 추가합니다.

167

9. 구운 닭고기를 원하는 양만큼 넣고 3 번째 그릇에 달콤한 소스를 듬뿍 얹어주세요.
   즐기다.

53. 코코넛 치킨

재료

- 1 작은 술 지상 커민

- 갈은 카이엔 페퍼 1 작은술

- 강황 가루 1 작은술

- 고춧가루 1 작은술

- 4 껍질과 뼈가 없는 닭 가슴살은 소금과 후추를 반으로 반으로 나누어 맛을 냅니다.

- 올리브 오일 2 큰술

- 다진 양파 1 개

- 1 큰술 다진 신선한 생강

- 씨를 제거하고 깍둑썰기한 할라피뇨 고추 2 개

- 다진 마늘 2 쪽

- 씨를 제거하고 깍둑썰기한 토마토 3 개

- 1 개(14oz.)는 코코넛 밀크에 불을 붙일 수 있습니다.

- 1 묶음 깍둑썰기한 신선한 파슬리

지도

1. 그릇을 가져와 결합하십시오: 고수풀, 커민, 심황 및 카이엔

2. 이제 닭고기와 약간의 후추와 소금을 넣으십시오.

3. 내용물이 닭고기 조각에 고르게 코팅되도록 저어줍니다.

4. 이제 16 분 동안 완전히 익을 때까지 올리브 오일 1 큰술에 닭고기를 볶기 시작합니다. 닭고기를 옆에 놓습니다.

5. 나머지 기름을 넣고 마늘, 양파, 할라피뇨, 생강을 7 분 동안 볶습니다.

6. 토마토를 넣고 코코넛 밀크를 붓기 전에 10 분 더 믹스를 요리합니다.

7. 닭고기 위에 토마토와 코코넛 믹스를 얹은 다음 파슬리를 약간 얹습니다.

8. 즐기세요.

54. 마야 쿠스쿠스

재료

- 쿠스쿠스 1 컵

- 1/2 작은술 가루 커민

- 소금 1 작은술 또는 기호에 따라

- 끓는 물 1 1/4 컵

- 껍질을 벗기지 않은 마늘 1 쪽

- 검은콩 1 캔(15oz.), 헹구고 물기 제거

- 통조림 옥수수 통조림 1 컵, 물기 제거

- 잘게 썬 붉은 양파 1/2 컵

- 다진 신선한 고수 1/4 컵

- 다진 할라피뇨 고추 1 개

- 3 큰술 올리브 오일

- 신선한 라임 주스 3 큰술 또는 기호에 따라

지도

1. 큰 볼에 소금과 쿠스쿠스를 섞은 물에 끓는 물을 넣고 랩을 씌워 10 분 정도 둡니다.

2. 이때 껍질을 벗기지 않은 마늘을 뜨거운 기름에 중불에서 황금빛 갈색이 될 때까지 볶는다.

3. 이제 이 마늘을 으깨서 검은콩, 양파, 고수, 옥수수, 할라피뇨 고추, 올리브 오일, 라임 주스와 함께 쿠스쿠스에 넣습니다.

4. 제공한다.

55. 스테이크 파히타

재료

타코:

- 1 큰술 식물성 기름

- 1(1 oz.) 패키지 타코 시즈닝 믹스

- 과도한 지방을 제거한 측면 스테이크 1 개(1 1/4 파운드)

- 부드러운 타코와 파히타를 위한 밀가루 토르티야 8 개(6 인치)

망고 살사:

- 잘 익은 중간 크기 망고 2 개, 씨를 제거하고 껍질을 벗기고 깍둑썰기

- 1 중간 라임 주스

- 씨를 제거하고 잘게 썬 할라피뇨 칠리 1 개

- 다진 붉은 양파 1/4 컵

- 다진 신선한 고수 잎 1/4 컵

지도

1. 다른 일을 하기 전에 오븐을 화씨 400 도로 예열하십시오.

2. 타코시즈닝을 뿌린 후 옆구리살을 굽고 센 불에서 황금빛 갈색이 될 때까지 섞어준 뒤 예열된 오븐에 넣어 부드러워질 때까지 굽는다.

3. 10 분 정도 식힌 후, 이때 모든 살사 재료를 고루 섞어주세요.

4. 준비된 스테이크를 작은 조각으로 자르고 약간의 살사를 곁들인 또띠아를 세 조각으로 접습니다.

56. 멕시칸 레드 라이스

재료

2 로마(자두), 코어 드

식물성 기름 2 큰술

1 컵 다진 양파

2 다진 마늘, 정향

약하지 않은 장립 백미 1 컵

1 3/4 컵 저염 닭고기 국물 1/4 컵 통조림 토마토 소스

잘게 썬 할라피뇨 고추 1 개

지도

1. 방울토마토를 이용하여 껍질을 버리고 토마토를 갈아서 중간 크기의 볼에 담는다.

2. 이제 양파를 넣고 뜨거운 기름에 마늘을 넣고 마늘 넣기 5 분 전, 마늘 넣기 1 분 후.

3. 이제 밥을 넣고 3 분간 더 끓여 밥이 살짝 볶아집니다.

4. 치킨토마토소스, 간토마토, 닭육수를 넣고 끓인다.

5. 할라피뇨 후추, 소금, 고수를 뿌린 후 불을 약하게 줄이고 프라이팬에 뚜껑을 덮은 상태에서 15 분간 더 끓인다.

6. 이제 불에서 쌀을 제거하고 서빙 접시로 옮기기 전에 약 8 분 동안 프라이팬에 덮은 채로 두십시오.

57. 살사 베르데

재료

껍질을 벗긴 토마틸로 2 파운드

2 신선한 할라피뇨 고추

3 다진 마늘, 껍질을 벗긴

정향 1 개

1/2 작은술 가루 커민

1 대시 블랙 페퍼

치킨 부용 알갱이 또는 소금 1 작은술

지도

1. 큰 팬에 물을 넣은 후 방울토마토, 할라피뇨, 마늘을 볶는다.

2. 이제 끓이다가 10 분 정도 또는 중불로 줄인 후 토마틸로 색이 노랗게 변할 때까지 끓인다.

3. 10 분 동안 식히고 물을 모두 제거한 후 식힙니다. 이 토마토와 정향, 후추, 커민, 치킨 부용을 믹서기에 넣습니다.

4. 필요한 부드러움이 될 때까지 블렌딩합니다.

태국, 세라노, 카이엔 찰레

58. 병아리콩 가루 크레페

수율: 8

재료

- 2 컵(184g) 그램(병아리콩) 말가루(베산)

- 물 356g(1½컵)

- 껍질을 벗기고 다진 작은 양파 1 개(약 75g[½컵])

- 껍질을 벗기고 강판 또는 다진 생강 뿌리 1 개

182

- 잘게 썬 타이, 세라노 또는 카이엔 고추 1-3 개

- 말린 호로파 잎(카수리 메티) $\frac{1}{4}$ 컵 (7g)

- 다진 신선한 실란트로 $\frac{1}{2}$ 컵 (8g)

- 굵은 바다 소금 1 작은술

- 고춧가루 $\frac{1}{2}$ 작은술

- 강황 가루 $\frac{1}{2}$ 작은술

- 팬 튀김용 레드 칠리 파우더 또는 카이엔 오일 1 작은술

지도

a) 깊은 그릇에 밀가루와 물이 부드러워질 때까지 섞습니다. 나는 털로 시작한 다음 숟가락 뒷면을 사용하여 일반적으로 형성되는 작은 덩어리의 밀가루를 부수는 것을 좋아합니다.

b) 혼합물을 최소 20 분 동안 그대로 두십시오.

c) 오일을 제외한 나머지 재료를 넣고 잘 섞어주세요.

d) 중불로 철판을 가열합니다.

e) 기름 반 티스푼을 넣고 숟가락이나 종이 타월로 철판 위에 펴십시오. 요리 스프레이를 사용하여 팬을 고르게 코팅할 수도 있습니다.

f) 국자로 반죽 $\frac{1}{4}$ 컵을 팬 중앙에 붓습니다. 국자 뒷면을 사용하여 반죽을 팬의 중심에서 바깥쪽으로 시계 방향으로 원형으로 펼쳐 지름이 약 5 인치(12.5cm)인 얇고 둥근 팬케이크를 만듭니다.

g) 약 2 분 정도 한 면이 약간 갈색이 될 때까지 훠궈를 익힌 후 뒤집어 반대쪽 면을 익혀주세요. 주걱으로 꾹꾹 눌러 가운데 부분도 익도록 해주세요.

h) 남은 반죽을 요리하고 달라붙지 않도록 필요에 따라 기름을 추가합니다.

i) 내 민트 또는 파치 처트니와 함께 제공하십시오.

59. 밀 크레이프 크림

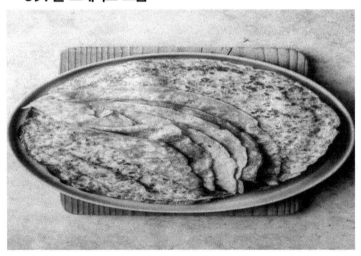

생산량: 6 컵

재료

- 밀 크림 3 컵

- 무가당 플레인 소이 요거트 2 컵

- 물 3 컵

- 굵은 바다 소금 1 작은술

- 간 후추 $\frac{1}{2}$ 작은술

- 고춧가루 또는 카이엔 $\frac{1}{2}$ 작은술

- 껍질을 벗기고 잘게 썬 노란색 또는 붉은 양파 $\frac{1}{2}$ 개

- 잘게 썬 태국 고추, 세라노 또는 카이엔 고추 1-2 개

- 팬 튀김용 기름, 작은 그릇에 따로 보관

- 껍질을 벗기고 반으로 자른 큰 양파 $\frac{1}{2}$ 개 (팬 준비용)

지도

a) 깊은 볼에 밀 크림, 요거트, 물, 소금, 후추, 고춧가루를 넣고 섞어 30 분 정도 휴지시켜 살짝 발효시킨다.

b) 다진 양파와 고추를 넣습니다. 부드럽게 섞는다.

c) 중불로 철판을 가열합니다. 팬에 식용유 1 작은술을 넣어주세요.

d) 팬이 달궈지면 양파의 자르지 않은 둥근 부분에 포크를 꽂습니다. 포크 손잡이를 잡고 자른 양파 반쪽을 팬을 가로질러 앞뒤로 문지릅니다. 열, 양파 주스 및 기름의 조합은 복용량이 달라붙는 것을 방지하는 데 도움이 됩니다. 도사 사이에 다시 사용할 수 있도록 삽입된 포크가 있는 양파를 보관하십시오. 팬에서 노릇해지면 앞부분만 얇게 썰어주세요.

e) 숟가락으로 측면에 작은 기름 그릇을 보관하십시오. 나중에 사용할 것입니다.

f) 자, 드디어 요리에 돌입 준비된 뜨겁게 달군 팬의 중앙에 반죽을 ¼ 컵 조금 더 넣습니다. 반죽이 얇아지고 크레이프 모양이 될 때까지 국자 뒤쪽으로 팬의 중앙에서 바깥쪽으로 시계 방향으로 천천히 움직입니다. 혼합물이 즉시 거품을 일으키기 시작하면 열을 약간 낮추십시오.

g) 작은 숟가락으로 반죽 주위에 원에 기름을 얇게 부으십시오.

h) 도사가 약간 갈색이 될 때까지 요리하고 팬에서 떼어냅니다. 뒤집어서 반대쪽도 익혀줍니다.

60. 마살라 두부 스크램블

생산량: 2 컵

재료

- 14 온스 패키지 극도로 단단한 유기농 두부

- 기름 1 큰술

- 커민 씨앗 1 작은술

- 껍질을 벗기고 다진 작은 흰색 또는 붉은 양파 $\frac{1}{2}$ 개

- 껍질을 벗기고 강판에 간 생강 뿌리 1 개

- 잘게 썬 태국 고추, 세라노 또는 카이엔 고추 1-2 개

- 강황 가루 $\frac{1}{2}$ 작은술

- 고춧가루 또는 카이엔 $\frac{1}{2}$ 작은술

- 굵은 바다 소금 $\frac{1}{2}$ 작은술

- 검은 소금 $\frac{1}{2}$ 작은술

- 다진 신선한 실란트로 $\frac{1}{4}$ 컵(4g)

지도

a) 두부를 손으로 으깨서 따로 둡니다.

b) 무겁고 평평한 팬에 기름을 중불로 가열합니다.

c) 커민을 넣고 씨앗이 지글지글 끓을 때까지 약 30 초 동안 요리합니다.

d) 양파, 생강 뿌리, 고추 및 심황을 추가합니다. 눌어붙지 않도록 저어주면서 1~2 분 동안 요리하고 갈색으로 만듭니다.

e) 두부를 넣고 전체 혼합물이 강황에서 노랗게 변하도록 잘 섞는다.

f) 붉은고추가루, 천일염, 검은소금(칼라나막), 고수를 넣는다. 잘 섞다.

g) 토스트와 함께 제공하거나 따뜻한 로티 또는 파라타 랩에 말아서 제공합니다.

61. 마살라 파파드

수율: 6-10 웨이퍼

재료

- 1(6-10 개) 포장 상점에서 구입한 파파드(렌즈콩으로 만든 것)

- 기름 2 큰술

- 껍질을 벗기고 다진 중간 크기의 붉은 양파 1 개

- 2 개의 중간 크기 토마토, 깍둑썰기한 것

- 1-2 개의 녹색 타이, 세라노 또는 카이엔 고추, 줄기 제거, 잘게 썬 것

- 챠트 마살라 1 작은술

- 기호에 따라 붉은 고추가루 또는 카이엔

지도

a) 집게로 한 번에 하나씩 파파드를 가져다가 스토브 위에 가열하십시오. 가스 스토브가 있는 경우 불이 붙는 작은 조각을 불어내도록 주의하면서 바로 불에서 요리합니다. 이것을 요리하는 가장 좋은 방법은 모든 부분이 익고 바삭해질 때까지 계속 뒤집는 것입니다. 전기 스토브를 사용하는 경우 버너 위에 놓인 와이어 랙에서 가열하고 바삭해질 때까지 계속 뒤집습니다. 조심하세요. 쉽게 타버립니다.

191

b) 큰 쟁반에 papads 를 놓습니다.

c) 페이스트리 브러시로 각 papad 를 오일로 가볍게 닦습니다.

d) 작은 그릇에 양파, 토마토, 고추를 함께 섞습니다.

e) 각 papad 위에 양파 혼합물 2 큰술을 숟가락으로 떠내십시오.

f) 각 파파드 위에 Chaat Masala 와 붉은 고추 가루를 뿌립니다. 즉시 봉사하십시오.

62. 매운 콩 샐러드

192

생산량: 5 컵(1.19L)

재료

- 삶은 콩 4 컵

- 삶아서 깍둑썰기한 중간 크기 감자 1 개

- 껍질을 벗기고 깍둑썰기한 중간 크기의 붉은 양파 ½ 개

- 깍둑썰기한 중간 크기 토마토 1 개

- 껍질을 벗기고 강판 또는 다진 생강 뿌리 1 개

- 잘게 썬 태국 고추, 세라노 또는 카이엔 고추 2-3 개

- 레몬 1 개 주스

- 검은 소금(칼라 나막) 1 작은술

- 챠트 마살라 1 작은술

- 굵은 바다 소금 ½ 작은술

- 붉은 고추 가루 또는 카이엔 ½-1 작은술

- 다진 신선한 고수 $\frac{1}{4}$ 컵

- $\frac{1}{4}$ 컵 타마린드 – 대추 처트니

지도

a) 큰 그릇에 Tamarind-Date Chutney 를 제외한 모든 재료를 함께 섞습니다.

b) 샐러드를 작은 그릇에 나누어 담고 각각의 위에 Tamarind-Date Chutney 한 스푼을 얹습니다.

63. 구운 가지 딥

생산량: 5 컵(1.19L)

재료

- 껍질이 있는 중간 크기 가지 3 개(대형, 원형, 자주색 품종)

- 기름 2 큰술

- 커민 씨 1 큰 술

- 고춧가루 1 작은술

- 강황 가루 1 작은술

- 껍질을 벗기고 깍둑썰기한 큰 노란색 또는 붉은 양파 1 개

- 껍질을 벗기고 강판에 썰거나 다진 생강 뿌리 1(2 인치[5cm]) 조각

- 껍질을 벗기고 갈거나 다진 마늘 8 쪽

- 껍질을 벗기고(가능한 경우) 깍둑썰기한 중간 크기 토마토 2 개

- 잘게 썬 태국 고추, 세라노 또는 카이엔 고추 1-4 개

- 고춧가루 또는 카이엔 1 작은술

- 굵은 바다 소금 1 큰술

지도

a) 두 번째로 높은 위치에 오븐 선반을 설정합니다. 육계를 260℃(500℉)로 예열합니다. 나중에 엉망이 되지 않도록 베이킹 시트에 알루미늄 호일을 깔아주세요.

b) 포크로 가지에 구멍을 내고(증기를 배출하기 위해) 베이킹 시트에 놓습니다. 한 번 뒤집어서 30 분간 굽는다. 작업이 끝나면 피부가 까맣게 타거나 일부 부위에 화상을 입게 됩니다. 오븐에서 베이킹 시트를 꺼내고 가지를 최소 15 분 동안 식히십시오.

c) 날카로운 칼로 가지의 한쪽 끝에서 다른 쪽 끝으로 갈라진 부분을 세로로 자르고 약간 당겨서 엽니다. 증기를 피하고 가능한 한 많은 주스를 인양하지 않도록 조심하면서 볶은 살을 퍼내십시오. 그릇에 구운 가지 과육을 넣습니다.

d) 깊고 무거운 팬에 기름을 중불로 가열합니다.

e) 커민을 넣고 지글지글 끓을 때까지 약 30 초 동안 요리합니다.

f) 고수와 심황을 추가하십시오. 섞어서 30 초 동안 요리합니다.

g) 양파를 넣고 2 분간 볶는다.

h) 생강 뿌리와 마늘을 넣고 2 분 더 끓입니다.

i) 토마토와 고추를 넣으십시오. 혼합물이 부드러워질 때까지 3 분간 요리합니다.

j) 볶은 가지의 과육을 넣고 5 분 더 요리하면서 가끔 들러붙지 않도록 섞어줍니다.

k) 고춧가루와 소금을 넣어주세요. 이때 그을린 가지 껍질의 흩어진 조각도 제거하고 버려야 합니다.

l) 참지 블렌더 또는 별도의 블렌더를 사용하여 이 혼합물을 블렌딩하십시오. 과용하지 마십시오. 여전히 약간의 질감이 있어야 합니다. 구운 난 조각, 크래커 또는 또띠아 칩과 함께 제공하십시오. 로티, 렌틸콩, 라이타로 만든 인도식 전통 음식과 함께 제공할 수도 있습니다.

64. 구운 야채 사각형

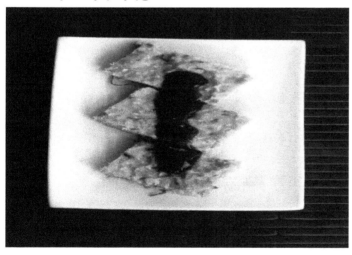

199

산출량: 중간 크기의 정사각형 25 개

재료

- 강판에 간 흰 양배추 2 컵(140g)(작은 머리 $\frac{1}{2}$ 개)

- 다진 콜리플라워 1 컵(100g)(중간 크기 머리 $\frac{1}{4}$ 개)

- 다진 호박 1 컵(124g)

- 껍질을 벗기고 강판에 간 감자 $\frac{1}{2}$ 개

- 껍질을 벗기고 깍둑썰기한 중간 크기의 노란색 또는 붉은 양파 $\frac{1}{2}$ 개

- 껍질을 벗기고 강판 또는 다진 생강 뿌리 1 개

- 잘게 썬 태국 고추, 세라노 또는 카이엔 고추 3-4 개

- 다진 신선한 실란트로 $\frac{1}{4}$ 컵(4g)

- 3 컵(276g) 그램(병아리콩) 밀가루(베산)

- $\frac{1}{2}$ 12 온스 패키지 실크 두부

- 굵은 바다 소금 1 큰술

- 강황 가루 1 작은술

- 고춧가루 또는 카이엔 1 작은술

- 베이킹파우더 $\frac{1}{4}$ 작은술

- $\frac{1}{4}$ 컵 오일

지도

a) 오븐 선반을 중간 위치에 놓고 오븐을 180°C(350°F)로 예열합니다. 25cm(10 인치) 정사각형 베이킹 팬에 기름을 바르십시오. 더 얇고 바삭한 파코라를 원하시면 더 큰 베이킹 팬을 사용하세요.

b) 깊은 그릇에 양배추, 콜리플라워, 호박, 감자, 양파, 생강 뿌리, 고추, 고수를 섞습니다.

c) 밀가루를 넣고 잘 섞일 때까지 천천히 섞는다. 손을 사용하여 모든 것을 실제로 혼합하는 데 도움이 됩니다.

d) 푸드 프로세서, 블렌더 또는 더 강력한 블렌더에서 두부를 부드러워질 때까지 갈아줍니다.

e) 섞은 두부, 소금, 강황, 고춧가루, 베이킹파우더, 오일을 야채 혼합물에 넣습니다. 혼합.

f) 혼합물을 준비된 베이킹 팬에 붓습니다.

201

g) 오븐의 온도에 따라 45~50 분 동안 굽습니다. 가운데에 꽂은 이쑤시게가 깨끗해지면 요리가 끝난 것입니다.

h) 10 분 동안 식힌 다음 사각형으로 자릅니다. 좋아하는 처트니와 함께 제공하십시오.

65. 매운 고구마 패티

수율: 중간 크기의 패티 10 개

재료

- 큰 고구마(또는 흰 감자) 1 개, 껍질을 벗기고 깍둑썰기

- 13mm($\frac{1}{2}$ 인치) 주사위(약 600g[4 컵])

- 오일 3 큰술, 분할

- 커민 씨앗 1 작은술

- 껍질을 벗기고 잘게 썬 중간 크기의 노란색 또는 붉은 양파 $\frac{1}{2}$ 개

- 1 인치 조각 생강 뿌리, 껍질을 벗기고 강판 또는 다진 것

- 강황 가루 1 작은술

- 고춧가루 1 작은술

- 가람 마살라 1 작은술

- 고춧가루 또는 카이엔 1 작은술

- 신선 또는 냉동 완두콩 1 컵(145g)(먼저 해동)

- 잘게 썬 태국 고추, 세라노 또는 카이엔 고추 1-2 개

- 굵은 바다 소금 1 작은술

- 1/2 컵(46g) 그램(병아리콩) 밀가루(베산)

- 레몬즙 1 큰술

- 장식용으로 다진 신선한 파슬리 또는 고수

지도

a) 감자가 부드러워질 때까지 약 7 분간 찐다. 식히십시오.
   손이나 감자 으깨는 도구를 사용하여 부드럽게 부숴주세요. 이때 으깬 감자는 약
   3 컵(630g)이 됩니다.

b) 얇은 프라이팬에 기름 2 큰술을 중불로 가열합니다.

c) 커민을 넣고 지글지글 끓고 약간 갈색이 될 때까지 약 30 초 동안 요리합니다.

d) 양파, 생강 뿌리, 심황, 고수, 가람 마살라, 붉은 고추 가루를 넣으십시오.
   부드러워질 때까지 2~3 분 더 요리합니다. 혼합물을 식히십시오.

e) 식으면 감자에 혼합물을 넣고 완두콩, 녹색 고추, 소금, 그램 가루, 레몬 주스를
   차례로 넣습니다.

f) 손이나 큰 숟가락으로 잘 섞어주세요.

g) 혼합물을 작은 패티로 만들고 트레이에 따로 둡니다.

h) 크고 무거운 팬에 나머지 오일 1 테이블스푼을 중불로 가열합니다. 팬의 크기에 따라 패티를 2~4 개로 나누어 갈색이 될 때까지 한 면당 약 2~3 분 동안 요리합니다.

i) 다진 신선한 파슬리 또는 고수로 장식하여 뜨겁게 제공하십시오. 이 패티는 샌드위치로 먹거나 상추 위에 올려 먹거나 앙트레에 곁들여 먹을 수 있습니다. 혼합물은 냉장고에서 약 3-4 일 동안 보관됩니다. 보다 전통적인 패티를 만들려면 고구마 대신 일반 감자를 사용하세요.

66. 엄마의 녹두샐러드

생산량: 2 컵

재료

- 1 컵(192g) 싹이 튼 전체 녹색 렌즈콩(사부트 몽)

- 다진 파 1 개

- 잘게 썬 작은 토마토 1 개($\frac{1}{2}$ 컵[80g])

- 잘게 썬 빨간색 또는 노란색 작은 피망 $\frac{1}{2}$ 개($\frac{1}{4}$ 컵[38g])

- 껍질을 벗기고 잘게 썬 작은 오이 1 개

- 삶아서 껍질을 벗기고 잘게 썬 작은 감자 1 개

- 껍질을 벗기고 강판 또는 다진 생강 뿌리 1 개

- 잘게 썬 태국 고추, 세라노 또는 카이엔 고추 1-2 개

- 다진 신선한 고수 $\frac{1}{4}$ 컵(4g)

- $\frac{1}{2}$ 레몬 또는 라임 주스

- 바다 소금 $\frac{1}{2}$ 작은술

207

- 고춧가루 또는 카이엔 $\frac{1}{2}$ 작은술

- 오일 $\frac{1}{2}$ 작은술

지도

a) 모든 재료를 결합하고 잘 섞는다. 사이드 샐러드로 또는 빠르고 건강에 좋은 고단백 간식으로 제공하십시오.

b) 빠른 점심을 위해 잘게 썬 아보카도와 함께 피타 속 재료.

67. 토마토, 오이, 양파 샐러드

생산량: 5 컵(1.19L)

재료

● 껍질을 벗기고 깍둑썰기한 큰 노란색 또는 붉은 양파 1 개

● 4 개의 중간 크기 토마토, 깍둑썰기

● 껍질을 벗기고 깍둑썰기한 중간 크기 오이 4 개

● 잘게 썬 타이, 세라노 또는 카이엔 고추 1-3 개

● 라임 2 개 주스

● 다진 신선한 고수 $\frac{1}{4}$ 컵(4g)

● 굵은 바다 소금 1 작은술

● 검은 소금(칼라 나막) 1 작은술

● 고춧가루 또는 카이엔 1 작은술

지도

a) 큰 볼에 모든 재료를 넣고 잘 섞는다.

b) 모든 요리의 사이드로 즉시 제공하거나 칩의 사이드와 함께 빠르고 건강한 살사로
    제공하십시오. 라임과 토마토의 조합으로 이 샐러드는 유통기한이 길지 않다는
    점을 기억하세요.

68. 병아리콩 포퍼 스트리트 샐러드

생산량: 5 컵(1.19L)

재료

- 마살라와 함께 조리한 병아리콩 포퍼 4 컵

- 껍질을 벗기고 깍둑썰기한 중간 크기의 노란색 또는 붉은 양파 1 개

- 잘게 썬 큰 토마토 1 개

- 레몬 2 개 주스

- 다진 신선한 고수 ½ 컵(8g)

- 잘게 썬 태국 고추, 세라노 또는 카이엔 고추 2-4 개

- 굵은 바다 소금 1 작은술

- 검은 소금(칼라 나막) 1 작은술

- 고춧가루 또는 카이엔 1 작은술

- 챠트 마살라 1 작은술

- ½ 컵 민트 처트니

- $\frac{1}{2}$ 컵 타마린드 – 대추 처트니

- 소이 요거트 라이타 1 컵

지도

a) 깊은 그릇에 병아리콩, 양파, 토마토, 레몬 주스, 고수, 고추, 바다 소금, 검은 소금, 붉은 고추 가루, 차트 마살라를 함께 섞습니다.

b) 개별 서빙 그릇에 혼합물을 나눕니다.

c) 민트와 타마린드-데이트 처트니, 소이 요거트 라이타를 한 스푼씩 그릇 위에 얹습니다. 즉시 봉사하십시오.

69. 아삭한 당근 샐러드

생산량: 5 컵(1.19L)

재료

- 껍질을 벗긴 녹색 렌즈콩 96g($\frac{1}{2}$ 컵)

- 껍질을 벗기고 강판에 간 당근 5 컵(550g)

- 껍질을 벗기고 강판에 갈아낸 중간 크기의 무 1 개

- 볶은 생땅콩 40g($\frac{1}{4}$ 컵)

- 다진 신선한 실란트로 $\frac{1}{4}$ 컵(4g)

- 중간 크기 레몬 1 개

- 굵은 바다 소금 2 작은술

- 고춧가루 또는 카이엔 $\frac{1}{2}$ 작은술

- 기름 1 큰술

- 검은 겨자씨 1 큰술

- 6-7 개 카레 잎, 대충 다진 것

- 잘게 썬 태국 고추, 세라노 또는 카이엔 고추 1-2 개

지도

a) 렌틸콩은 끓는 물에 알덴테가 될 때까지 20~25 분간 담가둡니다. 물을 빼다.

b) 깊은 그릇에 당근과 무를 넣으십시오.

c) 물기를 뺀 렌틸콩, 땅콩, 고수, 레몬즙, 소금, 고춧가루를 넣습니다.

d) 얇고 무거운 팬에 기름을 중불로 가열합니다.

e) 겨자씨를 넣으십시오. 팬을 덮고(튀어나와 화상을 입지 않도록) 씨앗이 지글지글 끓을 때까지 약 30 초 동안 요리합니다.

f) 카레 잎과 녹색 고추를 조심스럽게 넣으십시오.

g) 이 혼합물을 샐러드 위에 붓고 잘 섞는다. 즉시 서방하거나 서방하기 전에 냉장하십시오.

70. 현미와 팥 도클라

수확량: 약 2 다스의 작은 광장

- 씻은 바스마티 현미 95g(½ 컵)

- 씻은 흰 바스마티 쌀 95g(½ 컵)

- 껍질을 벗기고 씻은 팥 ½ 컵(99g)

- 스플릿 그램(차나달) 2 큰술

- 호로파 씨앗 ¼ 작은술

- ½ 12 온스 패키지 부드러운 실크 두부

- 중간 크기 레몬 1 개

- 굵은 바다 소금 1 작은술

- 물 1 컵

- ½ 티스푼 eno 또는 베이킹 소다

- 고추가루, 카이엔 또는 파프리카 ½ 작은술

- 기름 1 큰술

- 갈색 또는 검은색 겨자씨 1 작은술

- 15-20 개의 카레 잎, 대충 다진 것

- 1-3 개의 녹색 타이, 세라노 또는 카이엔 고추, 줄기를 제거하고 세로로 썬 것

지도

a) 현미와 백미, 팥, 쪼개진 그램, 호로파를 함께 하룻밤 물에 불립니다.

b) 강력한 블렌더에 물기를 뺀 쌀과 렌틸콩, 두부, 레몬즙, 소금, 물 1 컵을 넣고 섞습니다.

c) 부드러워질 때까지 4~5 분 동안 강하게 갈아줍니다. 인내심을 가지세요. 고르게 섞일 수 있도록 용기의 측면을 멈추고 긁어야 할 수도 있습니다. 혼합물을 깊은 그릇에 붓습니다.

d) 반죽을 2~3 시간 동안 그대로 둡니다. 더 이상 그렇지 않으면 시큼해지기 시작할 것입니다.

e) 깊고 네모난 팬에 기름을 바르십시오. (내 것은 9 인치[22.5cm] 정사각형과 2 인치[5cm] 깊이입니다.)

f) 바닥에 에노 또는 베이킹 소다를 뿌리고 2~3 회 가볍게 저어줍니다. 당신은 즉시 거품이 시작되는 것을 볼 수 있습니다.

g) 준비된 팬에 반죽을 붓습니다.

h) 사각 팬에 맞도록 넓은 이중 보일러에 물을 끓입니다. 이중 보일러의 상단 부분에 사각 팬을 부드럽게 놓습니다.

i) 팬을 덮고 12~15 분간 찐다. 도클라는 가운데에 꽂은 이쑤시개가 깨끗해지면 다 익은 것입니다. 뚜껑을 제거하고 팬에서 10 분간 식혀주세요.

j) 이중 보일러에서 사각 팬을 조심스럽게 제거합니다.

k) 천천히 dhokla 를 사각형으로 자르고 큰 접시에 피라미드로 배열하십시오.

l) 레드 칠리, 카이엔 또는 파프리카를 뿌립니다.

m) 템퍼링을 준비합니다. 소테 팬에 오일 1 큰술을 중불에서 가열합니다. 겨자씨를 넣으십시오. 끓기 시작하면 카레 잎과 고추를 넣으십시오.

n) 이 혼합물을 도클라 위에 고르게 붓습니다. 민트 실란트로 또는 코코넛 처트니와 함께 즉시 제공하십시오.

71. 따뜻한 북인도 샐러드

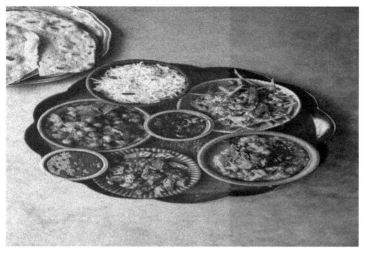

생산량: 3 컵

재료

- 기름 1 큰술

- 커민 씨앗 1 작은술

- 강황 가루 $\frac{1}{2}$ 작은술

- 껍질을 벗기고 잘게 썬 중간 크기의 노란색 또는 붉은 양파 1 개

- 껍질을 벗기고 성냥개비 모양으로 자른 생강 뿌리 1 개

- 껍질을 벗기고 강판에 간 마늘 2 쪽

- 태국, 세라노 또는 카이엔 고추 1-2 개

- 조리된 통콩 또는 렌즈콩 2 컵(396g)

- 굵은 바다 소금 1 작은술

- 고춧가루 또는 카이엔 $\frac{1}{2}$ 작은술

- 검은 소금(칼라 나마) $\frac{1}{2}$ 작은술 다진 신선한 고수풀 $\frac{1}{4}$ 컵(4g)

지도

a) 깊고 무거운 팬에 기름을 중불로 가열합니다.

b) 커민과 심황을 넣으십시오. 씨앗이 지글지글 끓을 때까지 약 30 초 동안 요리합니다.

c) 양파, 생강 뿌리, 마늘, 고추를 넣습니다. 갈색이 될 때까지 약 2 분간 요리합니다.

d) 콩 또는 렌즈콩을 추가합니다. 2 분 더 끓입니다.

e) 바다 소금, 고추 가루, 검은 소금, 고수를 넣으십시오. 잘 섞어 서빙하십시오.

72. 콜드 스트리트 샐러드

생산량: 6 컵

재료

- 삶은 콩 또는 렌즈콩 4 컵

- 껍질을 벗기고 깍둑썰기한 중간 크기의 붉은 양파 1 개

- 깍둑썰기한 중간 크기 토마토 1 개

- 껍질을 벗기고 깍둑썰기한 작은 오이 1 개

- 껍질을 벗기고 강판에 갈아낸 중간 크기의 무 1 개

- 잘게 썬 태국 고추, 세라노 또는 카이엔 고추 1-2 개

- 다진 신선한 실란트로 $\frac{1}{4}$ 컵(4g)

- 1 큰 레몬 주스

- 굵은 바다 소금 1 작은술

- 검은 소금 $\frac{1}{2}$ 작은술(칼라 나막)

- 차트 마살라 $\frac{1}{2}$ 작은술

- 고춧가루 또는 카이엔 $\frac{1}{2}$ 작은술

- 껍질을 벗기고 강판에 간 신선한 흰색 심황 1 작은술(선택 사항)

지도

a) 깊은 그릇에 모든 재료를 섞습니다.

b) 사이드 샐러드로 즉시 제공하거나 상추 잎에 싸서 제공하십시오.

73.Quickie Masala 콩 또는 렌즈콩

생산량: 5 컵(1.19L)

재료

- 갈라 마살라 1 컵

- 다진 야채 1 컵

- 잘게 썬 타이, 세라노 또는 카이엔 고추 1-3 개

- 가람 마살라 1 작은술

- 고춧가루 1 작은술

- 볶은 커민 1 작은술

- 고춧가루 또는 카이엔 $\frac{1}{2}$ 작은술

- 굵은 바다 소금 1$\frac{1}{2}$ 작은술

- 물 2 컵

- 삶은 콩 또는 렌즈콩 2 컵

- 장식용으로 잘게 썬 신선한 고수 1 큰술

지도

a) 깊고 무거운 스튜 냄비에 기포가 생기기 시작할 때까지 갈라 마살라를 중불로 가열합니다.

b) 야채, 고추, 가람마살라, 고수, 커민, 고춧가루, 소금, 물을 넣는다. 야채가 부드러워질 때까지 15~20 분 동안 요리합니다.

c) 콩 또는 렌즈콩을 추가합니다. 따뜻해질 때까지 요리하십시오.

d) 고수로 장식하고 현미 또는 흰색 바스마티 쌀, 로티 또는 난과 함께 즉시 제공하십시오.

74. 코코넛을 곁들인 콩과 식물 샐러드

©edesiadiaries

230

생산량: 4 컵

재료

- 코코넛 오일 2 큰술

- 아사페티다(힌지) ½ 작은술

- 블랙 겨자씨 1 작은술

- 굵게 다진 카레 잎 10-12 장

- 무가당 파쇄 코코넛 2 테이블스푼

- 삶은 콩 또는 렌즈콩 4 컵

- 굵은 바다 소금 1 작은술

- 타이, 세라노 또는 카이엔 고추 1-2 개,

지도

a) 깊고 무거운 팬에 기름을 중불로 가열합니다.

b) 사페티다, 겨자, 카레 잎, 코코넛을 추가합니다. 씨앗이 터질 때까지 약 30 초 동안 가열합니다. 카레 잎이나 코코넛을 태우지 않도록 주의하세요. 씨앗이 튀어 나올 수 있으므로 뚜껑을 편리하게 보관하십시오.

c) 콩 또는 렌즈콩, 소금, 고추를 넣으십시오. 잘 섞어서 즉시 제공하십시오.

75. 카레 콩 또는 렌즈콩

수확량: 5 컵

재료

- 기름 2 큰술

- 아사페티다(힌지) ½ 작은술

- 커민 씨앗 2 작은술

- 강황 가루 ½ 작은술

- 1 시나몬 스틱

- 카시아 잎 1 개(또는 월계수 잎)

- 껍질을 벗기고 다진 중간 크기의 노란색 또는 붉은 양파 ½ 개

- 껍질을 벗기고 강판 또는 다진 생강 뿌리 1 개

- 껍질을 벗기고 갈거나 다진 마늘 4 쪽

- 껍질을 벗기고 깍둑썰기한 큰 토마토 2 개

- 잘게 썬 태국 고추, 세라노 또는 카이엔 고추 2-4 개

- 삶은 콩 또는 렌즈콩 4 컵

- 물 4 컵

- 굵은 바다 소금 1½ 작은술

- 고춧가루 또는 카이엔 1 작은술

- 장식용으로 잘게 썬 신선한 고수 2 큰술

지도

a) 무거운 냄비에 기름을 중불로 가열합니다.

b) asafetida, 커민, 심황, 계피, 계수나무 잎을 추가하고 씨앗이 지글지글 끓을 때까지 약 30 초 동안 요리합니다.

c) 양파를 넣고 약간 갈색이 될 때까지 약 3 분간 끓입니다. 양파가 팬에 달라붙지 않도록 자주 저어주세요.

d) 생강 뿌리와 마늘을 넣으십시오. 2 분 더 끓입니다.

e) 토마토와 녹색 고추를 넣으십시오.

f) 불을 중불로 줄이고 토마토가 부서지기 시작할 때까지 3~5 분 동안 요리합니다.

g) 콩이나 렌즈콩을 넣고 2 분 더 끓입니다.

h) 물, 소금, 고춧가루를 넣는다. 종기에 가져다.

i)   혼합물이 끓으면 불을 줄이고 10~15 분 동안 끓입니다.

j)   고수로 장식하고 갈색 또는 흰색 바스마티 쌀, 로티 또는 난과 함께 제공합니다.

76. 코코넛 밀크를 곁들인 고안식 카레

생산량: 6 컵(1.42L)

재료

- 기름 1 큰술

- 껍질을 벗기고 깍둑썰기한 큰 양파 ½개

- 껍질을 벗기고 강판 또는 다진 생강 뿌리 1 개

- 껍질을 벗기고 갈거나 다진 마늘 4 쪽

- 잘게 썬 큰 토마토 1 개(2 컵)

- 잘게 썬 타이, 세라노 또는 카이엔 고추 1-3 개

- 고춧가루 1 큰술

- 가루 커민 1 큰술

- 강황 가루 1 작은술

- 타마린드 페이스트 1 작은술

- 재거 또는 흑설탕 1 티스푼

- 굵은 바다 소금 1½ 작은술

- 물 3 컵

- 전체 렌즈콩 또는 콩 요리 4 컵(검은 눈 완두콩은 전통적임)

- 코코넛 밀크 1 컵, 레귤러 또는 라이트

- ½ 중간 레몬 주스

- 장식용으로 잘게 썬 신선한 고수 1 큰술

지도

a) 깊고 무거운 냄비에 기름을 중불로 가열합니다.

b) 양파를 넣고 약간 갈색이 될 때까지 2 분간 끓입니다.

c) 생강 뿌리와 마늘을 넣으십시오. 1 분 더 요리하세요.

d) 토마토, 고추, 고수풀, 커민, 강황, 타마린드, 재거리, 소금 및 물을 추가합니다.

e) 끓으면 불을 줄이고 뚜껑을 덮지 않고 15 분간 끓입니다.

f) 렌즈콩 또는 콩과 코코넛 밀크를 넣고 가열합니다.

g) 레몬즙을 넣고 고수로 장식한다. 갈색 또는 흰색 바스마티 쌀, 로티 또는 난과 함께 제공합니다.

77. 차나 마실라 콩류

생산량: 6 컵(1.42L)

재료

- 기름 2 큰술

- 커민 씨 1 큰 술

- 강황 가루 $\frac{1}{2}$ 작은술

- 차나 마살라 2 큰술

- 껍질을 벗기고 깍둑썰기한 큰 노란색 또는 붉은 양파 1 개

- 껍질을 벗기고 강판에 썰거나 다진 생강 뿌리 1(2 안치[5cm]) 조각

- 껍질을 벗기고 갈거나 다진 마늘 4 쪽

- 2 개의 중간 크기 토마토, 깍둑썰기한 것

- 잘게 썬 타이, 세라노 또는 카이엔 고추 1-3 개

- 고춧가루 또는 카이엔 1 작은술

- 굵은 바다 소금 1 큰술

- 물 1 컵

- 삶은 콩 또는 렌즈콩 4 컵

지도

a) 깊고 무거운 팬에 기름을 중불로 가열합니다.

b) 커민, 강황, *Chana Masala* 를 넣고 씨앗이 지글지글 끓을 때까지 약 30 초 동안 요리합니다.

c) 양파를 넣고 부드러워질 때까지 약 1 분 동안 요리합니다.

d) 생강 뿌리와 마늘을 넣으십시오. 1 분 더 요리하세요.

e) 토마토, 녹색 고추, 붉은 고추 가루, 소금 및 물을 첨가하십시오.

f) 끓으면 불을 줄이고 모든 재료가 섞일 때까지 혼합물을 10 분 동안 끓입니다.

g) 콩이나 렌즈콩을 넣고 끓입니다. 현미 또는 흰색 바스마티 쌀이나 로티 또는 난과 함께 제공합니다.

78. 펀자브 카레 콩

241

생산량: 7 컵(1.66L)

재료

- 중간 크기의 노란색 또는 붉은 양파 1 개, 껍질을 벗기고 굵게 다진 것

- 껍질을 벗기고 굵게 다진 생강 뿌리 1 개

- 껍질을 벗기고 손질한 마늘 4 쪽

- 2-4 개의 녹색 태국, 세라노 또는 카이엔 칠레

- 기름 2 큰술

- 아사페티다(힌지) ½ 작은술

- 커민 씨앗 2 작은술

- 강황 가루 1 작은술

- 1 시나몬 스틱

- 정향 2 개

- 블랙 카다멈 꼬투리 1 개

- 껍질을 벗기고 깍둑썰기한 중간 크기 토마토 2 개 (1 컵)

- 토마토 페이스트 2 큰술

- 삶은 콩 또는 렌즈콩 4 컵

- 물 2 컵

- 굵은 바다 소금 2 작은술

- 가람 마살라 2 작은술

- 고춧가루 또는 카이엔 1 작은술

- 2 큰 스푼 다진 신선한 고수

지도

a) 푸드 프로세서에서 양파, 생강 뿌리, 마늘, 고추를 물 같은 페이스트로 만듭니다.

b) 깊고 무거운 팬에 기름을 중불로 가열합니다.

c) asafetida, 커민, 심황, 계피, 정향 및 카다멈을 추가하십시오. 혼합물이 지글지글 끓을 때까지 약 30 초 동안 요리합니다.

d) 천천히 양파 페이스트를 추가하십시오. 조심하세요. 뜨거운 기름에 닿으면 튀길 수 있습니다. 갈색이 될 때까지 요리하고 때때로 약 2 분 동안 저어줍니다.

243

e) 토마토, 토마토 페이스트, 렌즈콩 또는 콩, 물, 소금, 가람 마살라, 붉은 고추 가루를 추가합니다.

f) 혼합물을 끓인 다음 불을 줄이고 10분 동안 끓입니다.

g) 전체 향신료를 제거하십시오. 고수를 추가하고 현미 또는 백색 basmati 쌀의 침대 위에 봉사하십시오.

79. 완두콩과 렌즈콩

수확량: 10 컵

재료

- 건져 씻은 말린 리마콩 2 컵(454g)

- 중간 크기의 노란색 또는 붉은 양파 ½ 개, 껍질을 벗기고 굵게 다진 것

- 깍둑썰기한 중간 크기 토마토 1 개

- 껍질을 벗기고 강판 또는 다진 생강 뿌리 1 개

- 껍질을 벗기고 갈거나 다진 마늘 2 쪽

- 잘게 썬 타이, 세라노 또는 카이엔 고추 1-3 개

- 정향 3 개

- 커민 씨 1 큰 술

- 고춧가루 또는 카이엔 1 작은술

- 큰 스푼 굵은 바다 소금

- 강황 가루 ½ 작은술

- 가람 마살라 ½ 작은술

- 물 7 컵(1.66L)

- 다진 신선한 고수 ¼ 컵(4g)

지도

a) 슬로우쿠커에 실란트로를 제외한 모든 재료를 넣어주세요. 콩이 부서지고 약간 크림색이 될 때까지 센 불에서 7 시간 동안 요리합니다.

b) 요리 과정의 중간쯤에 콩이 다 익은 것처럼 보이지만 천천히 밥솥을 계속 작동시킵니다. 카레는 여전히 물기가 있고 더 익혀야 합니다.

c) 정향을 찾을 수 있으면 제거하십시오. 신선한 고수를 넣고 바스마티 쌀이나 로티 또는 난과 함께 제공합니다.

80. 차나와 스플릿 멍달과 후추가루

수확량: 8 컵

재료

- 1 컵(192g)의 스플릿 그램(chana dal)을 골라서 씻었습니다.

- 껍질을 벗긴 말린 녹색 렌즈콩(moong dal) 1 컵(192g)

- 껍질을 벗기고 깍둑썰기한 중간 크기의 노란색 또는 붉은 양파 ½ 개

- 껍질을 벗기고 강판 또는 다진 생강 뿌리 1 개

- 껍질을 벗기고 갈거나 다진 마늘 4 쪽

- 껍질을 벗기고 깍둑썰기한 중간 크기 토마토 1 개

- 잘게 썬 타이, 세라노 또는 카이엔 고추 1-3 개

- 1 테이블스푼 + 커민씨 1 티스푼, 나누어서

- 강황 가루 1 작은술

- 굵은 바다 소금 2 작은술

- 고춧가루 또는 카이엔 1 작은술

- 물 6 컵

- 기름 2 큰술

- 고춧가루 1 작은술

- 다진 신선한 고수 2 큰술

지도

a) 슬로우 쿠커에 1 그램, 렌틸콩, 양파, 생강 뿌리, 마늘, 토마토, 고추, 커민 1 큰술, 강황, 소금, 고춧가루, 물을 넣습니다. 5 시간 동안 센 불에서 끓인다.

b) 요리 시간이 거의 끝날 무렵, 얕은 팬에 기름을 중불로 가열합니다.

c) 나머지 커민 1 티스푼을 추가합니다.

d) 보글보글 끓어오르면 고춧가루를 넣어주세요. 최대 30 초 더 요리하십시오. 너무 오래 끓이면 플레이크가 너무 딱딱해집니다.

e) 이 혼합물을 고수와 함께 렌즈콩에 첨가하십시오.

f) 이것을 단독으로 수프 또는 갈색 또는 흰색 바스마티 쌀, 로티 또는 난과 함께 제공합니다.

81. 양념두부와 토마토

생산량: 4 컵

재료

- 기름 2 큰술

- 커민 씨 1 큰 스푼

- 강황 가루 1 작은술

- 껍질을 벗기고 다진 중간 크기의 붉은색 또는 노란색 양파 1 개

- 껍질을 벗기고 강판에 썰거나 다진 생강 뿌리 1(2 인치[5cm]) 조각

- 껍질을 벗기고 갈거나 다진 마늘 6 쪽

- 껍질을 벗기고 잘게 썬 중간 크기 토마토 2 개(480g[3 컵])

- 잘게 썬 태국 고추, 세라노 또는 카이엔 고추 2-4 개

- 토마토 페이스트 1 큰술

- 가람 마살라 1 큰술

- 말린 호로파 잎(kasoori methi) 1 테이블스푼, 손으로 살짝 으깨서 풍미를 더합니다.

- 물 1 컵

- 굵은 바다 소금 2 작은술

- 고춧가루 또는 카이엔 1 작은술

- 씨를 제거하고 깍둑썰기한 중간 크기의 녹색 피망 2 개 (2 컵)

- 2 패키지 매우 단단한 유기농 두부, 구운 및 큐브

지도

a) 크고 무거운 팬에 기름을 중불로 가열합니다.

b) 커민과 심황을 넣으십시오. 씨앗이 지글지글 끓을 때까지 약 30 초 동안 요리합니다.

c) 양파, 생강 뿌리, 마늘을 넣습니다. 가끔 저어주면서 가볍게 갈색이 될 때까지 2~3 분 동안 요리합니다.

d) 토마토, 고추, 토마토 페이스트, 가람 마살라, 호로파, 물, 소금, 붉은 고추 가루를 넣습니다. 불을 약간 줄이고 뚜껑을 덮지 않고 8 분간 끓입니다.

e) 청양고추를 넣고 2 분간 더 끓인다. 두부를 넣고 부드럽게 섞는다. 가열될 때까지 2 분 더 요리합니다. 갈색 또는 흰색 바스마티 쌀, 로티 또는 난과 함께 제공합니다.

82. 커민 감자 해시

생산량: 4 컵

재료

- 기름 1 큰술

- 커민 씨앗 1 큰술

- 아사페티다(힌지) $\frac{1}{2}$ 작은술

- 강황 가루 $\frac{1}{2}$ 작은술

- 망고 가루(암추어) $\frac{1}{2}$ 작은술

- 껍질을 벗기고 깍둑썰기한 작은 노란색 또는 붉은 양파 1 개

- 껍질을 벗기고 강판 또는 다진 생강 뿌리 1 개

- 껍질을 벗기고 깍둑썰기한 삶은 감자 3 개(종류 무관)(4 컵[600g])

- 굵은 바다 소금 1 작은술

- 1-2 개의 녹색 타이, 세라노 또는 카이엔 고추, 줄기 제거, 얇게 썬 것

- 다진 신선한 실란트로 $\frac{1}{4}$ 컵(4g), 다진 레몬 $\frac{1}{2}$ 개 주스

253

지도

a) 깊고 무거운 팬에 기름을 중불로 가열합니다.

b) 커민, asafetida, 심황 및 망고 가루를 추가하십시오. 씨앗이 지글지글 끓을 때까지 약 30 초 동안 요리합니다.

c) 양파와 생강 뿌리를 넣으십시오. 달라붙지 않도록 저어주면서 1 분 더 요리합니다.

d) 감자와 소금을 넣으십시오. 잘 섞고 감자가 따뜻해질 때까지 요리하십시오.

e) 칠리, 고수, 레몬 주스를 얹습니다. roti 또는 naan 과 함께 제공하거나 besan Poora 또는 dosa 에 말아서 제공합니다. 이것은 야채 샌드위치의 속을 채우거나 양상추 컵에 담아 먹기에도 좋습니다.

83. 겨자씨 감자 해시

생산량: 4 컵

재료

- 스플릿 그램(차나달) 1 큰술

- 기름 1 큰술

- 강황 가루 1 작은술

- 블랙 겨자씨 1 작은술

- 10 커레 잎, 대충 다진 것

- 껍질을 벗기고 깍둑썰기한 작은 노란색 또는 붉은 양파 1 개

- 껍질을 벗기고 깍둑썰기한 큰 삶은 감자 3 개(종류 무관)

- 굵은 흰 소금 1 작은술

- 1-2 개의 녹색 타이, 세라노 또는 카이엔 고추, 줄기 제거, 얇게 썬 것

지도

a) 나머지 재료를 준비하는 동안 스플릿 그램을 끓는 물에 담그십시오.

b)   깊고 무거운 팬에 기름을 중불로 가열합니다.

c)   강황, 겨자, 카레 잎, 물기를 뺀 스플릿 그램을 추가합니다. 씨앗이 타지는 경향이 있고 불린 렌즈콩이 기름을 튀길 수 있으므로 뚜껑이 필요할 수 있습니다. 달라붙지 않도록 저어주면서 30 초 동안 요리합니다.

d)   양파를 넣습니다. 약간 갈색이 될 때까지 약 2 분 동안 요리합니다.

e)   감자, 소금, 고추를 넣으십시오. 2 분 더 끓입니다. roti 또는 naan 과 함께 제공하거나 besan Poora 또는 dosa 에 말아서 제공합니다. 이것은 야채 샌드위치의 속을 채우거나 양상추 컵에 담아 먹기에도 좋습니다.

84. 펀잡브식 양배추

수확량: 7 컵

재료

- 기름 3 큰술

- 커민 씨앗 1 큰술

- 강황 가루 1 작은술

- 껍질을 벗기고 깍둑썰기한 노란색 또는 붉은 양파 ½ 개

- 껍질을 벗기고 강판 또는 다진 생강 뿌리 1 개

- 껍질을 벗기고 다진 마늘 6 쪽

- 껍질을 벗기고 깍둑썰기한 중간 크기 감자 1 개

- 중간 크기의 머리 흰 양배추 1 개, 바깥쪽 잎을 제거하고 잘게 썬 것(약 8 컵[560g])

- 신선 또는 냉동 완두콩 1 컵(145g)

- 1 녹색 타이, 세라노 또는 카이엔 칠레, 줄기 제거, 잘게 썬 것

- 고춧가루 1 작은술

- 1 작은 술 지상 커민

- 갈은 후추 1 작은술

- 고춧가루 또는 카이엔 ½ 작은술

- 바다 소금 1½ 작은술

지도

a) 슬로우 쿠커에 모든 재료를 넣고 부드럽게 섞는다.

b) 약한 불에서 4 시간 동안 끓인다. 흰색 또는 갈색 바스마티 쌀, 로티 또는 난과 함께 제공합니다. 이것은 소이 요거트 라이타를 약간 뿌려서 피타를 위한 훌륭한 필러입니다.

85. 겨자씨와 코코넛을 곁들인 양배추

생산량: 6 컵

재료

- 껍질을 벗긴 검은색 렌즈콩(사부트 우루드 달) 2 테이블스푼

- 코코넛 오일 2 큰술

- 아사페티다(힌지) $\frac{1}{2}$ 작은술

- 블랙 겨자씨 1 작은술

- 굵게 다진 카레 잎 10-12 장

- 무가당 파쇄 코코넛 2 테이블스푼

- 다진 중간 크기의 머리 흰 양배추 1 개(560g[8 컵])

- 굵은 바다 소금 1 작은술

- 타이, 세라노 또는 카이엔 고추 1-2 개, 줄기 제거, 세로로 얇게 썬 것

지도

a) 나머지 재료를 준비하는 동안 렌즈콩을 끓는 물에 담가 부드러워지도록 합니다.

b) 깊고 무거운 팬에 기름을 중불로 가열합니다.

c) 아세피다, 겨자, 물기를 뺀 렌즈콩, 카레 잎, 코코넛을 추가합니다. 씨앗이 터질 때까지 약 30 초 동안 가열합니다. 카레 잎이나 코코넛을 태우지 않도록 주의하세요. 씨앗이 튀어 나올 수 있으므로 뚜껑을 편리하게 보관하십시오.

d) 양배추와 소금을 넣으십시오. 양배추가 시들 때까지 2 분 동안 규칙적으로 저어가며 요리하십시오.

e) 고추를 추가합니다. 따뜻한 샐러드, 차갑게 또는 로티나 난과 함께 즉시 제공하십시오.

86. 감자를 곁들인 스트링빈

수확량: 5 컵

재료

- 기름 1 큰술

- 커민 씨앗 1 작은술

- 강황 가루 $\frac{1}{2}$ 작은술

- 껍질을 벗기고 깍둑썰기한 중간 크기의 붉은색 또는 노란색 양파 1 개

- 껍질을 벗기고 강판 또는 다진 생강 뿌리 1 개

- 껍질을 벗기고 갈거나 다진 마늘 3 쪽

- 껍질을 벗기고 깍둑썰기한 중간 크기 감자 1 개

- 물 $\frac{1}{4}$ 컵

- 다진 끈 콩 4 컵

- 타이, 세라노 또는 카이엔 고추 1-2 개, 다진 것

- 굵은 바다 소금 1 작은술

265

- 고춧가루 또는 카이엔 1 작은술

지도

a) 무겁고 깊은 팬에 오일을 중불로 가열합니다.

b) 커민과 심황을 넣고 씨앗이 지글지글 끓을 때까지 약 30 초 동안 요리합니다.

c) 양파, 생강 뿌리, 마늘을 넣습니다. 약 2 분 동안 약간 갈색이 될 때까지 요리합니다.

d) 감자를 넣고 계속 저으면서 2 분 더 요리합니다. 달라붙는 것을 방지하기 위해 물을 추가합니다.

e) 문자열 빈을 추가합니다. 가끔 저어주면서 2 분 동안 요리합니다.

f) 고춧가루, 소금, 고춧가루를 넣어주세요.

g) 불을 중불로 줄이고 팬을 부분적으로 덮습니다. 콩과 감자가 부드러워질 때까지 15 분 동안 요리합니다. 불을 끄고 팬을 덮고 같은 버너에 5~10 분 더 둡니다.

h) 흰색 또는 갈색 바스마티 쌀, 로티 또는 난과 함께 제공합니다.

87. 감자와 가지

생산량: 6 컵(1.42L)

재료

- 기름 2 큰술

- 아사페티다(힝지) $\frac{1}{2}$ 작은술

- 커민 씨앗 1 작은술

- 강황 가루 $\frac{1}{2}$ 작은술

- 껍질을 벗기고 13mm 길이의 성냥개비로 자른 생강 뿌리 1(2 인치[5cm]) 조각

- 껍질을 벗기고 굵게 다진 마늘 4 쪽

- 껍질을 벗기고 굵게 다진 중간 크기 감자 1 개

- 껍질을 벗기고 굵게 다진 큰 양파 1 개

- 잘게 썬 타이, 세라노 또는 카이엔 고추 1-3 개

- 1 큰 토마토, 굵게 다진 것

- 껍질이 있는 중간 크기 가지 4 개, 거칠게 다진, 끝 부분이 목질 포함(8 컵[656g])

- 굵은 바다 소금 2 작은술

- 가람 마살라 1 큰술

- 고춧가루 1 큰술

- 고춧가루 또는 카이엔 1 작은술

- 장식용으로 잘게 썬 신선한 고수 2 큰술

지도

a) 깊고 무거운 팬에 기름을 중불로 가열합니다.

b) asafetida, 커민 및 심황을 추가하십시오. 씨앗이 지글지글 끓을 때까지 약 30 초 동안 요리합니다.

c) 생강 뿌리와 마늘을 넣으십시오. 1 분 동안 지속적으로 저어가며 요리합니다.

d) 감자를 추가합니다. 2 분 동안 요리합니다.

e) 양파와 고추를 넣고 약간 갈색이 될 때까지 2 분 더 끓입니다.

f) 토마토를 넣고 2 분간 끓인다. 이 시점에서 접시의 기초를 만들었습니다.

g) 가지를 추가합니다. (나중에 본인과 손님들이 맛있고 쫄깃한 중심을 나중에 씹을 수 있도록 목질을 유지하는 것이 중요합니다.)

h) 소금, 가람마살라, 고수, 고춧가루를 넣는다.
2 분 동안 요리합니다.

i) 불을 약하게 줄이고 팬을 부분적으로 덮고 10 분 더 끓입니다.

j) 불을 끄고 팬을 완전히 덮고 5 분 동안 그대로 두어 모든 맛이 제대로 섞일 수
있도록 합니다. 고수로 장식하고 로티 또는 난과 함께 제공합니다.

88. 마살라 브뤼셀 스프라우트

생산량: 4 컵

재료

- 기름 1 큰술

- 커민 씨앗 1 작은술

- 갈라 마살라 2 컵

- 물 1 컵

- 캐슈 크림 4 큰술

- 손질하고 반으로 자른 브뤼셀 콩나물 4 컵

- 잘게 썬 타이, 세라노 또는 카이엔 고추 1-3 개

- 굵은 바다 소금 2 작은술

- 가람 마살라 1 작은술

- 고춧가루 1 작은술

- 고춧가루 또는 카이엔 1 작은술

● 장식용으로 잘게 썬 신선한 고수 2 큰술

지도

a) 깊고 무거운 팬에 기름을 중불로 가열합니다.

b) 커민을 넣고 씨앗이 지글지글 끓을 때까지 약 30 초 동안 요리합니다.

c) 토마토 수프 스톡, 물, 캐슈 크림, 브뤼셀 콩나물, 고추, 소금, 가람 마살라, 고수풀, 붉은 고추 가루를 넣으십시오.

d) 종기에 가져다. 열을 줄이고 브뤼셀 콩나물이 부드러워질 때까지 뚜껑을 덮지 않은 채 10~12 분 동안 끓입니다.

e) 고수로 장식하고 현미 또는 흰색 바스마티 쌀이나 로티 또는 난과 함께 제공합니다.

89. 캐슈로 속을 채운 아기 가지

수확량: 아기 가지 20 개

재료

- 생 캐슈 $\frac{1}{2}$ 컵(69g) 아기 가지 20 개

- 오일 2 큰술, 분할

- 커민 씨앗 1 작은술

- 고수 씨앗 1 작은술

- 참깨 1 큰술

- 검은 겨자씨 $\frac{1}{2}$ 작은술

- 회향 씨앗 $\frac{1}{2}$ 작은술

- 호로파 씨앗 $\frac{1}{4}$ 작은술

- 껍질을 벗기고 깍둑썰기한 큰 노란색 또는 붉은 양파 1 개

- 껍질을 벗기고 강판 또는 다진 생강 뿌리 1 개

- 껍질을 벗기고 굵게 다진 마늘 4 쪽

- 잘게 썬 타이, 세라노 또는 카이엔 고추 1-3 개

- 강황 가루 1 작은술

- 강판 재거리 1 작은술(거)

- 가람 마살라 2 작은술

- 굵은 바다 소금 1 큰술

- 고춧가루 또는 카이엔 1 작은술

- 물 1 컵, 나누어서

- 장식용으로 잘게 썬 신선한 고수 2 큰술

지도

a) 나머지 재료를 준비하는 동안 캐슈넛은 물에 불려주세요.

b) 가지를 자르기 전에 줄기를 향해 작업하고 중지하면서 각 가지에 2 개의 수직 슬롯을 바닥에서 자릅니다. 손상되지 않은 상태로 있어야 합니다. 완료되면 4 개의 섹션이 있으며 녹색의 나무 줄기로 함께 고정됩니다. 나머지 재료를 준비하는 동안 물 한 그릇에 넣으십시오. 이것은 나중에 더 잘 채울 수 있도록 가지를 약간 열어주는 데 도움이 됩니다.

c) 무거운 팬에 기름 1 큰술을 중불로 가열합니다.

d) 커민, 고수, 참깨, 겨자, 회향 및 호로파 씨를 추가합니다. 씨앗이 약간 터질 때까지 약 30 초 동안 요리합니다. 이것을 너무 약하지 마십시오. 호로파는 쓴 맛이 날 수 있습니다.

e) 양파, 생강 뿌리, 마늘, 고추를 넣습니다. 양파가 갈색이 될 때까지 약 2 분간 끓입니다.

f) 강황, 재거, 가람마살라, 소금, 고춧가루, 물기를 뺀 캐슈를 넣는다. 잘 섞일 때까지 2 분 더 요리합니다.

g) 이 혼합물을 푸드 프로세서에 옮깁니다. 물 ½ 컵을 넣고 부드러워질 때까지 처리합니다. 천천히 하세요; 멈추고 측면을 긁어야 할 수도 있습니다.

h) 이제 가지를 채울 준비가 되었습니다! 한 손에 가지를 잡고 혼합물 1 큰술 정도를 가지의 속부터 사방을 덮도록 넣어주세요.

i) 가지를 부드럽게 닫고 모든 가지를 채울 때까지 큰 그릇에 넣으십시오.

j) 크고 깊은 팬에 나머지 1 테이블스푼의 기름을 중불로 가열합니다. 가지를 한 번에 하나씩 부드럽게 넣습니다. 남은 마살라와 남은 물 ½ 컵을 넣고 불을 중불로 줄입니다. 팬을 덮고 가지가 손상되지 않도록 조심하면서 가끔씩 저어주면서 20 분 동안 요리합니다.

k) 불을 끄고 가지를 5 분 동안 그대로 두어 모든 맛을 완전히 약히고 흡수합니다. 고수로 장식하고 밥이나 로티 또는 난과 함께 제공합니다.

90. "파니르"를 곁들인 매운 시금치

생산량: 10 컵(2.37L)

재료

- 기름 2 큰술

- 커민 씨앗 1 큰술

- 강황 가루 1 작은술

- 껍질을 벗기고 깍둑썰기한 큰 노란색 또는 붉은 양파 1 개

- 껍질을 벗기고 강판에 썰거나 다진 생강 뿌리 1(2 인치[5cm]) 조각

- 껍질을 벗기고 갈거나 다진 마늘 6 쪽

- 잘게 썬 큰 토마토 2 개

- 타이, 세라노 또는 카이엔 고추 1-2 개, 다진 것

- 토마토 페이스트 2 큰술

- 물 1 컵

- 고춧가루 1 큰술

279

- 가람 마살라 1 큰술

- 굵은 바다 소금 2 작은술

- 촘촘하게 다진 신선한 시금치 12 컵(360g)

- 1(14-ounce[397-g]) 패키지 매우 단단한 유기농 두부, 구운 후 큐브

지도

a) 넓고 무거운 팬에 기름을 중불로 가열합니다.

b) 커민과 심황을 넣고 씨앗이 지글지글 끓을 때까지 약 30 초 동안 요리합니다.

c) 양파를 넣고 갈색이 될 때까지 약 3 분간 볶으면서 눌어붙지 않도록 부드럽게 저어줍니다.

d) 생강 뿌리와 마늘을 넣으십시오. 2 분 동안 요리합니다.

e) 토마토, 고추, 토마토 페이스트, 물, 고수, 가람 마살라 및 소금을 추가합니다. 불을 줄이고 5 분간 끓인다.

f) 시금치를 넣습니다. 이 작업을 일괄 처리해야 할 수도 있습니다. 시들면 더 추가해야 합니다. 시금치가 너무 많은 것처럼 보이지만 걱정할 필요는 없습니다. 다 익을 것입니다. 날 믿어!

g) 시금치가 시들고 익을 때까지 7 분 동안 요리합니다. 이머전 블렌더 또는 기존 블렌더로 블렌딩합니다.

h) 두부를 넣고 2~3 분 더 끓인다. 로티 또는 난과 함께 제공합니다.

91. 크랙클링 오크라

생산량: 4 컵

재료

- 기름 2 큰술

- 커민 씨앗 1 작은술

- 강황 가루 1 작은술

- 껍질을 벗기고 아주 굵게 다진 큰 노란색 또는 붉은 양파 1 개

- 껍질을 벗기고 강판 또는 다진 생강 뿌리 1 개

- 껍질을 벗기고 다진 마늘 3 쪽, 다지거나 강판에 간

- 2 파운드의 오크라, 세척, 건조, 손질 및 절단

- 타이, 세라노 또는 카이엔 고추 1-2 개, 다진 것

- 망고 가루 $\frac{1}{2}$ 작은술

- 고춧가루 또는 카이엔 1 작은술

- 가람 마살라 1 작은술

- 굵은 바다 소금 2 작은술

지도

a) 깊고 무거운 팬에 기름을 중불로 가열합니다. 커민과 심황을 넣으십시오. 씨앗이 지글지글 끓기 시작할 때까지 약 30 초 동안 요리합니다.

b) 양파를 넣고 갈색이 될 때까지 2~3 분간 끓입니다. 이것은 내 오크라의 핵심 단계입니다. 크고 두툼한 양파 조각은 전체적으로 갈색을 띠고 약간 캐러멜화되어야 합니다. 이것은 마지막 요리의 맛있는 기초가 될 것입니다.

c) 생강 뿌리와 마늘을 넣으십시오. 가끔 저어주면서 1 분 동안 요리하십시오.

d) 오크라를 추가하고 오크라가 밝은 녹색이 될 때까지 2 분 동안 요리합니다.

e) 고춧가루, 망고가루, 붉은고추가루, 가람마살라, 소금을 넣는다. 가끔 저어주면서 2 분 동안 요리합니다.

f) 열을 약하게 줄이고 팬을 부분적으로 덮습니다. 가끔 저어주면서 7 분 동안 요리하십시오.

g) 불을 끄고 뚜껑이 냄비를 완전히 덮도록 조절합니다. 모든 맛이 흡수될 수 있도록 3~5 분 동안 그대로 두십시오.

h) 고수로 장식하고 갈색 또는 흰색 바스마티 쌀, 로티 또는 난과 함께 제공합니다.

92. 중국식 핫앤스파이시 치킨

생산량: 4 인분

재료

1 파

2 고추-- 또는 그 이상

4TB 오일

1TB 다진 생강

1 TB 셰리

2 TB 라이트 간장

2 파운드 프라이

½ c 닭 육수

1 TB 라이트 간장

2 TB 와인 식초

1TB 설탕

소금 ½ts

아니스 후추 1ts -- 또는 2

1TB 옥수수 전분

a) 닭고기를 한입 크기로 자르고 생강, 셰리, 간장 혼합물에 15-20 분간 재워둡니다. 파와 고추를 1 인치 크기로 비스듬히 자릅니다.

b) 아니스 고추를 가루로 만듭니다. 닭고기 육수, 간장, 와인 식초, 설탕, 소금, 후추를 섞는다. 기름을 데우십시오. 대파를 넣고 여러 번 볶는다.

c) 파, 고추에 생강, 셰리, 간장, 닭고기를 넣고 1~2 분 더 볶는다. 닭고기 육수 혼합물을 넣고 잘 섞는다.

d) 닭고기 조각이 부드러워 질 때까지 약한 불로 요리하십시오. 걸쭉하게 하기 위해 옥수수 전분을 첨가하십시오. 제공하다.

93. 매운 콩

생산량: 5 컵(1.19L)

재료

- 삶은 콩 4 컵

- 삶아서 깍둑썰기한 중간 크기 감자 1 개

- 껍질을 벗기고 깍둑썰기한 중간 크기의 붉은 양파 $\frac{1}{2}$ 개

- 깍둑썰기한 중간 크기 토마토 1 개

- 껍질을 벗기고 강판 또는 다진 생강 뿌리 1 개

- 잘게 썬 태국 고추, 세라노 또는 카이엔 고추 2-3 개

- 레몬 1 개 주스

- 차트 마살라 1 작은술

- 굵은 바다 소금 $\frac{1}{2}$ 작은술

- 붉은 고추 가루 또는 카이엔 $\frac{1}{2}$-1 작은술

지도

c) 큰 볼에 모든 재료를 섞는다.

핫스파이스

94. 병아리콩 포퍼

생산량: 4 컵

재료

- 삶은 병아리콩 4 컵 또는 12 온스 캔 병아리콩 2 개

- 가람 마살라, 챠트 마살라 또는 삼바 마살라 1 테이블스푼

- 굵은 바다 소금 2 작은술 식용유 2 작은술

- 붉은 고추 가루 1 작은술, 카이엔 페퍼 또는 파프리카

지도

a) 오븐 선반을 가장 높은 위치에 놓고 오븐을 425°F(220°C)로 예열합니다. 쉽게 청소할 수 있도록 베이킹 시트에 알루미늄 호일을 깔아주세요.

b) 병아리콩은 큰 소쿠리에 약 15 분 정도 물기를 빼서 가능한 한 많은 수분을 제거합니다. 통조림을 사용하는 경우 먼저 헹구십시오.

c) 큰 그릇에 모든 재료를 부드럽게 섞습니다.

d) 양념한 병아리콩을 베이킹 시트에 한 겹으로 배열합니다.

e) 15 분 동안 요리하십시오. 오븐에서 트레이를 조심스럽게 꺼내고 병아리콩이 고르게 익도록 살살 섞어준 후 10 분 더 끓입니다.

f) 15 분 동안 식히십시오. 레드 칠리 파우더, 카이엔 페퍼 또는 파프리카를 뿌립니다.

95. 스트리트 콘 샐러드

생산량: 4 컵

재료

- 껍질을 벗기고 깨끗이 씻은 옥수수 4 개

- 중간 크기 레몬 1 개

- 굵은 바다 소금 1 작은술

- 검은 소금(칼라 나막) 1 작은술

- 챠트 마살라 1 작은술

- 고춧가루 또는 카이엔 1 작은술

지도

a) 옥수수가 약간 그을릴 때까지 굽습니다.

b) 옥수수에서 커널을 제거하십시오.

c) 볼에 옥수수 알갱이를 넣고 다른 모든 재료를 섞는다. 즉시 봉사하십시오.

96. 마살라 과일 샐러드

수확량: 9-10 컵

재료

- 껍질을 벗기고 깍둑썰기한 중간 크기의 익은 멜론 1 개(7 컵[1.09kg])

- 껍질을 벗기고 얇게 썬 중간 크기의 바나나 3 개

- 씨 없는 포도 1 컵(100g)

- 2 개의 중간 크기 배, 코어 및 다이스

- 껍질을 벗기고 깍둑썰기한 작은 사과 2 개(300g[1 컵])

- 레몬 또는 라임 1 개 주스

- 굵은 바다 소금 ½ 작은술

- 챠트 마살라 ½ 작은술

- 검은 소금 ½ 작은술(칼라 니막)

- 고춧가루 또는 카이엔 ½ 작은술

지도

a) 큰 볼에 모든 재료를 부드럽게 섞습니다.

b) 아쓰시깨가 든 작은 그릇에 전통적인 길거리 음식을 즉시 제공하십시오.

97. 호로파 시금치 감자

생산량: 3 컵

재료

● 기름 2 큰술

● 커민 씨앗 1 작은술

● 1 12 온스 패키지 냉동 시금치

● 말린 호로파 잎 $1\frac{1}{2}$ 컵

● 껍질을 벗기고 깍둑썰기한 큰 감자 1 개

● 굵은 바다 소금 1 작은술

● 강황 가루 $\frac{1}{2}$ 작은술

● $\frac{1}{4}$ 작은술 붉은 고추가루 또는 카이엔

● 물 $\frac{1}{4}$ 컵

지도

a) 무거운 팬에 기름을 중불로 가열합니다.

b) 커민을 넣고 씨앗이 지글지글 끓을 때까지 약 30 초 동안 요리합니다.

c) 시금치를 넣고 불을 중불로 줄입니다. 팬을 덮고 5 분 동안 요리하십시오.

d) 호로파 잎을 넣고 부드럽게 섞어 뚜껑을 덮고 5 분 더 끓입니다.

e) 감자, 소금, 심황, 고춧가루, 물을 넣으십시오. 부드럽게 섞는다.

f) 뚜껑을 덮고 10 분간 끓입니다.

g) 팬을 불에서 내리고 뚜껑을 덮고 5 분 더 둡니다. 로티 또는 난과 함께 제공합니다.

98. 구운 마살라 콩 또는 렌즈콩

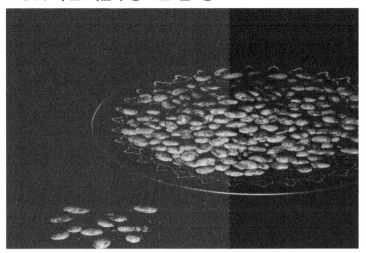

생산량: 4 컵

재료

- 삶은 콩 또는 렌즈콩 4 컵

- 가람 마살라, 챠트 마살라 또는 삼바 마살라 1 테이블스푼

- 굵은 바다 소금 2 작은술

- 기름 2 큰술

- 붉은 고추 가루, 카이엔 또는 파프리카 1 작은술

지도

a) 오븐을 425°F(220°C)로 예열합니다. 쉽게 청소할 수 있도록 베이킹 시트에 알루미늄 호일을 깔아주세요.

b) 큰 그릇에 콩이나 렌즈콩, 마살라, 소금, 기름을 함께 부드럽게 섞습니다.

c) 준비된 베이킹 시트에 양념한 콩이나 렌틸콩을 한 겹으로 배열합니다.

d) 25 분 동안 굽습니다.

e) 붉은 고추, 카이엔 또는 파프리카를 뿌린다.

99. 카레잎을 넣은 콩

생산량: 6 컵(1.42L)

재료

- 코코넛 오일 2 큰술

- 아사페티다 가루(힌지) $\frac{1}{2}$ 작은술

- 강황 가루 $\frac{1}{2}$ 작은술

- 커민 씨앗 1 작은술

- 블랙 겨자씨 1 작은술

- 굵게 다진 신선한 카레 잎 15-20 장

- 굵게 다진 말린 레드 칠리 페퍼 6 개

- 껍질을 벗기고 깍둑썰기한 중간 크기의 노란색 또는 붉은 양파 $\frac{1}{2}$ 개

- 14 온스 코코넛 밀크

- 물 1 컵

- 라삼 가루 또는 삼바 마살라 1 작은술

- 굵은 바다 소금 1$\frac{1}{2}$ 작은술

- 고춧가루 또는 카이엔 1 작은술

- 조리된 통콩 또는 렌즈콩 3 컵(576g)

- 장식용으로 잘게 썬 신선한 고수 1 큰술

a) 깊고 무거운 냄비에 기름을 중불로 가열합니다.

b) asafetida, 심황, 커민, 겨자, 카레 잎 및 붉은 고추를 추가하십시오. 씨앗이 지글지글 끓을 때까지 약 30 초 동안 요리합니다. 겨자씨가 터질 수 있으므로 뚜껑을 가까이에 두십시오.

c) 양파를 넣습니다. 갈색이 될 때까지 약 2 분간 요리하고 달라붙지 않도록 자주 저어줍니다.

d) 코코넛 밀크, 물, 라삼 가루 또는 삼바 마살라, 소금, 붉은 고추 가루를 넣습니다. 끓기 시작하면 불을 줄이고 향이 우유에 스며들 때까지 1~2 분간 끓입니다.

e) 콩 또는 렌즈콩을 추가합니다. 콩과 식물에 풍미가 스며들 때까지 따뜻하게 2~4 분 동안 끓입니다. 더 부드러운 농도를 원하시면 물 한 컵을 더 넣으세요. 갈색 또는 흰색 바스마티 쌀과 함께 깊은 그릇에 실란트로 장식된 즉시 서빙합니다.

100. 스토브 탑 삼비에서 영감을 받은 카레

생산량: 9 컵

재료

- 조리된 통콩 또는 렌즈콩 2 컵(396g)

- 물 9 컵(2.13L)

- 껍질을 벗기고 깍둑썰기한 중간 크기 감자 1 개

- 타마린드 페이스트 1 작은술

- 5 컵(750g)의 야채(다양하게 사용), 잘게 썬 것

- 삼바 마살라 2 숟가락

- 기름 1 큰술

- 아사페티다 가루(힌지) 1 작은술(선택사항)

- 검은 겨자씨 1 큰술

- 말린 붉은 고추 5~8 개(대략 다진 것)

- 굵게 다진 신선한 카레 잎 8-10 개

- 고춧가루 또는 카이엔 1 작은술

- 굵은 바다 소금 1 큰술

지도

a) 중불 이상의 깊은 수프 냄비에 콩이나 렌즈콩, 물, 감자, 타마린드, 야채, 삼바 마살라를 섞습니다. 종기에 가져다.

b) 열을 줄이고 야채가 시들고 부드러워질 때까지 15 분 동안 끓입니다.

c) 템퍼링(타르카)을 준비합니다. 작은 팬에 기름을 중불로 가열합니다. asafetida(사용하는 경우)와 겨자씨를 추가합니다. 겨자는 타지는 경향이 있으므로 뚜껑을 가까이에 두십시오.

d) 씨앗이 타지기 시작하면 붉은 고추와 카레 잎을 빠르게 넣으십시오. 자주 저어주면서 2 분 더 요리합니다.

e) 카레 잎이 갈색으로 변하고 말리기 시작하면 이 혼합물을 렌즈콩에 첨가하십시오. 5 분 더 끓입니다.

f) 고춧가루와 소금을 넣어주세요. 푸짐한 수프, 도시의 전통적인 반찬, 또는 현미 또는 흰색 바스마티 쌀과 함께 제공하십시오.

CPSIA information can be obtained
at www.ICGtesting.com
Printed in the USA
LVHW080554031122
732216LV00005B/171

9 781837 628346